A TRAVERS LA VIE

Joseph Marmette

Copyright © 2022 Marmette, Joseph
Édition : BoD – Books on Demand, info@bod.fr
Impression : BoD – Books on Demand,
In de Tarpen 42, Norderstedt (Allemagne)
Impression à la demande
ISBN : 978-2-3224-2326-2
Dépôt légal : août 2022
Mise en page et maquettage : https://reedsy.com/
Cet ouvrage a été composé avec les polices Didot et Bauer Bodoni
Tous droits réservés pour tous pays.

Première partie
Au collège

I

Souvenirs du jeune âge

Parmi les deux cents élèves qui, en 1860, étaient internes au collège de S***, se trouvait un camarade dont la vie m'a paru assez intéressante pour en faire le sujet d'une étude de mœurs contemporaines.

Lucien Rambaud, qui faisait cette année-là sa quatrième, était, je dois l'avouer, un assez médiocre élève.

Cette classe, dans laquelle on commence à s'imprégner la cervelle des rudiments de la langue d'Homère, est sans conteste la plus ingrate, la plus ennuyeuse de tout le cours d'études classiques. Comme la majeure partie du travail y consiste dans un effort constant de la mémoire, cette année-là est extrêmement redoutée du liseur et des paresseux. Aussi notre ami Rambaud, qui préférait de beaucoup lire et rêver que passer des heures en tête-à-tête avec les maussades verbes contractés, ou déterrer le sens des racines grecques sous un fatras de mots quelquefois apparemment contradictoires, passa-t-il *en silence* la plus grande partie de ses récréations. Il avait, du reste, pris l'immuable détermination de ne travailler que tout juste assez pour ne pas *doubler* sa classe.

– Tu ne saurais croire comme j'aime lire, me disait-il un jour où son professeur, habituellement impitoyable envers lui, avait sans doute oublié de le mettre en retenue. Or, comme je lis et à l'étude et en récréation, au lieu d'y apprendre bêtement la leçon qui m'a valu mon pensum, ce n'est pas moi qui suis le volé, c'est le professeur.

Lucien avait seize ans. Il était petit, frêle ; il avait les yeux noirs, vifs, le front haut, le teint pâle. Autant par suite du repos forcé où le tenait son maître, que par indifférence pour les amusements du collège, il jouait peu. Quand il lui arrivait de prendre part aux exercices violents auxquels les autres enfants se livraient avec tant d'ardeur, c'était par caprice passager, tout d'un coup, pour une demi-heure ; puis, il allait tranquillement reprendre le fil de ses rêveries.

Né à Saint-Omer, bourg situé sur la rive sud du fleuve Saint-Laurent, quelques lieues en aval de Québec, il appartenait à l'une des bonnes familles du pays. Son père était avocat ; par sa mère, il tenait des Beaupré, qui, depuis et même avant la cession du Canada, y ont joué un rôle considérable dans le commerce, au barreau et dans la politique. De sa mère, il tenait beaucoup d'imagination et une extrême sensibilité, ce qui fait les poètes ; de son père, de la volonté et de l'énergie, trop souvent affaiblies pourtant par le tempérament nerveux, mélancolique et timide qu'il devait à sa mère.

Quand il ne lisait pas à l'étude, il rêvait, et, comme nous étions voisins et même intimes, il me faisait part de ses rêveries...

Lucien avait pour sa mère une affection très vive ; il était l'aîné, elle l'avait gâté plus que ses autres enfants. Dans ses ressouvenirs, il la revoyait souvent : maladive, pâle, blonde, elle lui apparaissait dans son attitude favorite du soir, douillettement enfouie dans un grand fauteuil et lisant, tandis que là-haut, dans le salon, M. Rambaud jouait de la flûte.

Parmi les morceaux que son père affectionnait, il y avait un certain boléro qui avait beaucoup frappé Lucien.

« Un très curieux air, me disait mon compagnon qui était quelque peu musicien et avait une fort jolie voix de ténor. Figure-toi un air de danse très vif, écrit en mineur. Le ton plaintif de ce mode musical avec le rythme alerte du boléro forment le plus étrange contraste. Cet air me frappa tellement, la première fois que je l'entendis, que je me rappelle encore ce que je lisais ce soir-là ; il y a sept ans de cela et j'en avais neuf. C'est une étude historique de Henri Berthoud, dans le *Musée des Familles*, intitulée *La Madone de Torquato Tasso*. Les personnages qui s'agitent dans cette nouvelle imprégnée de tristesse, comme le sont du reste tous les écrits du sympathique Berthoud, sont le Tasse, l'illustre poète, le grand peintre flamand Rubens, et le philosophe Michel de Montaigne. Chaque fois que je me rappelle ce boléro, je me revois à côté de ma mère, regardant à la lumière d'une bougie, dont la lueur brille douce entre nous deux, une gravure qui représente le cadavre du Tasse porté au capitole sur un char triomphal. Il passe, traîné par quatre chevaux richement caparaçonnés, revêtu de la toge romaine, le front ceint de laurier, le poète immortel, tout roidi par la mort, l'amant infortuné d'Eléonore, sa barbe noire se découpant en pointe sur le ciel clair de Rome ; il dort enfin d'un sommeil éternel et dont les fiévreux transports d'une passion malheureuse ne doivent plus le réveiller. Hier encore, pauvre, emprisonné, fou, maintenant mort, on le mène au capitole en triomphateur. Quelle ironie du sort que ces honneurs tardifs au cadavre du sublime auteur de la *Jérusalem délivrée* !... Je revois cette gravure et j'entends le boléro qui jette dans la maison, d'ailleurs silencieuse, ses notes à la fois sautillantes et tristes. »

En dépit de ces impressions mélancoliques, autant dues à ses lectures, considérables pour un adolescent, qu'à son organisation de poète, Lucien n'était pas sans avoir des réminiscences plus gaies et plus communément de son âge.

Alors, dans son imagination si vive revenaient en foule les souvenirs joyeux de ses plaisirs d'enfance, et, suivant la saison, il se remémorait les différents jeux qui avaient marqué ses premières années.

Souvent, l'automne, peu de temps après la rentrée, pendant l'heure et demie d'étude qui précède le souper, quand il n'avait rien à lire qui l'intéressât, le front perdu dans la main, il pensait :

– Voici le temps de la cueillette des prunes, Autrefois, quand, à quatre heures, je sortais de l'école, mon père me disait : – « Lucien, le temps est venu de cueillir les prunes, allons ! » Balançant au bout de mon bras un fort panier d'osier, je partais derrière lui, faisant de grandes enjambées pour le suivre. Et nous allions dans le verger, tandis que sous nos pas criaient les feuilles jaunes que le vent d'automne avait arrachées des arbres.

« – Tiens, commençons par les plus mûres », me disait mon père en s'approchant d'un prunier couvert de beaux fruits bleus. Et, moi dessous, il donnait, de son bras vigoureux, une forte secousse à l'arbre. Il me tombait sur tout le corps une abondante pluie de prunes ; ce qui me faisait rire aux éclats et mon père aussi. Alors, tout en croquant les plus appétissantes, j'en jetais à pleines mains dans le panier. Quand notre arbre était épuisé, nous passions à un autre, et la joyeuse averse de recommencer, et nous de rire, lui de plaisir à la vue de son fils, autre lui-même, croissant en âge, et de son verger qui, planté par ses mains, produisait une belle moisson de fruits. Une fois le panier rempli et devenu trop lourd pour mes bras, mon père s'en emparait et le portait à la maison, tandis que mes pas s'efforçaient de s'emboîter dans les siens et que j'attrapais au vol, gourmand insatiable, les plus beaux fruits de la cueillette, le dessus du panier. »

Quand les premiers froids de l'hiver venaient faire geler les eaux de la rivière du Sud, auprès de laquelle M. Rambaud avait sa résidence, Lucien exhumait ses patins de la vieille armoire en chêne, et après en avoir bien lié les courroies à ses pieds, il s'élançait avec un long cri de joie sur la glace polie comme un miroir.

C'était surtout les jours de congé que lui et ses camarades d'école s'en donnaient à cœur joie. Du matin jusqu'au soir, tous ces infatigables petits pieds, couraient, glissaient, tournaient en capricieux zigzags. C'était à qui ferait les plus hardies voltiges. Ou bien on allait à toute vitesse, les uns poursuivant les autres qui s'efforçaient de leur échapper par mainte ruse, par des écarts imprévus.

Quelquefois, quand la rivière était tout arrêtée et qu'il n'était pas tombé encore assez de neige pour empêcher le patin de glisser sur la glace, on remontait un mille ou deux en amont, s'arrêtant de ci et de là pour examiner les curieux caprices de la gelée, selon les remous, les courants ou les rapides.

Dans les endroits où la glace était le plus mince, souvent on faisait halte, on se couchait à plat ventre, pour mieux voir, à travers le transparent cristal, s'agiter les petits poissons ; l'on s'émerveillait que ces pauvres bêtes pussent vivre dans cette eau si froide et ne pas étouffer sous la couche de glace qui pesait sur les eaux.

Et puis, l'on se remettait en marche en échangeant ces singulières réflexions ; et, à droite, à gauche, défilaient les champs dénudés et saupoudrés d'une légère couche de neige, pendant que, sur les bords, les saules dénudés laissaient pendre leurs branches noires, sur lesquelles on voyait parfois se balancer un nid depuis deux mois abandonné.

Tout au fond s'élevaient les montagnes, dépouillées de leur manteau de verdure et maintenant d'un bleu rougeâtre avec des taches blanches sur les plateaux défrichés.

Le silence de la campagne déserte n'était troublé que par les aboiements lointains d'un chien qui jappait à la lune, dont le disque pâle commençait à monter dans le ciel assombri par le jour fuyant. On s'en revenait alors, l'estomac sonnant l'heure du retour et du souper.

Lorsqu'une épaisse couche de neige avait rendu impraticable l'exercice du patin, venaient les plaisirs de la glissade.

Le jeudi, surtout, les enfants du village qui possédaient un traîneau se dirigeaient tous vers la grande côte du moulin, et, là, toute la journée, le soir même, il fallait voir comme ils allaient, glissant avec une rapidité d'éclair sur la pente raide de la côte et gravissant la rude montée durant des heures, infatigables gaillards, couverts de neige, les joues rougies par le mouvement et l'air vif, sans se lasser jamais.

Ou bien encore, on creusait des cavernes dans les bancs de neige ; on élevait des forteresses et alors il y avait bataille pour les prendre et les défendre.

Et les yeux pochés, les nez déformés que plusieurs combattants rapportaient le soir à la maison, témoignaient qu'il y avait eu rude jeu de guerre.

Enfin, le soleil finissait par avoir raison de l'hiver. La rivière du Sud, gonflée par les torrents de neige fondue qui s'échappaient des montagne, soulevait, broyait son fardeau de glace avec de rauques grondements de joie et le jetait dans le grand fleuve, où ces débris épars finissaient par s'émietter et se fondre au soleil en descendant à la mer.

C'est alors, avant que les jours chauds fussent revenus que le père Pigeon, le tourneur, avait de la besogne ! Il ne suffisait pas à fournir de toupies toute la marmaille de Saint-Omer. Quoiqu'il se fût mis à l'ouvrage bien avant Pâques, sa provision s'épuisait dès les premiers jours.

« – Une toupie, monsieur Pigeon ? demandait un retardataire qui n'avait pu se procurer plus tôt les trois sous que coûtait l'objet de sa convoitise. »

– Eh ! petit, il n'y en a plus.

« – Ah ! faisait le gamin en se passant sous le nez la manche de sa blouse ; et demain qui est jeudi !... »

Il y avait tant de regret douloureux dans cette exclamation, que le père Pigeon se laissait attendrir, et défaisant de son tour un pied de couchette qu'il était en train de tourner pour quelque jeune gars qui devait se marier après les semailles, il ajustait au tour un bon morceau de cœur de merisier en disant au gamin :

– Petit, reviens demain, tu l'auras, ta toupie.

– Vrai ! s'écriait l'enfant qui sortait radieux, tandis que le bon vieux homme mettant la lourde roue de son tour en mouvement, grommelait à part soi :

– Après tout, il n'est pas si pressé que ça avec sa couchette, le petit Louison Minville !...

Et dans son petit œil, aux paupières toutes ridées dans les coins, se reflétait un sourire égrillard, tandis que les copeaux se tordaient sous le tranchant de sa gouge qui mordait dans le bois.

Le jeudi matin, sur les neuf heures, les bambins des environs, tous amis de Lucien, se réunissaient auprès de la maison de M. Rambaud.

Sur un plateau d'où la neige avait disparu plus tôt qu'ailleurs et que le soleil avait déjà séché, on traçait un grand cercle avec le clou d'une toupie et le jeu commençait.

Le moins impatient de la bande se résignait à mettre au blanc, dans le cercle, sa toupie que chacun des joueurs visait à tour de rôle. Les toupies qui ne touchaient pas la sienne, il les *étouffait* dans le rond ou les attrapait au vol en les lançant en l'air avec sa corde et les plaçait prisonnières à côté de la sienne, jusqu'à ce qu'un autre joueur la fît sortir du cercle et lui rendît la liberté.

Comme l'on riait de bon cœur lorsqu'un joueur adroit faisait sauter un éclat de quelque toupie !

Il y avait surtout le grand Thomas Fournier avec sa grosse toupie de gaïac, chaque fois qu'il frappait en ahanant, il y avait plaie ou trou dans le tas. Aussi restait-il longtemps dans le cercle quand une fois on l'y avait pris ! Tous se liguaient contre lui ; et, l'une après l'autre, les plus habiles joueurs allaient cueillir les toupies qui environnaient la sienne.

– Attends un peu, Thomas, lui disait-on, tu vas tout nous payer à la fois !

Et lui riait de sa bonne et large face rouge épanouie !

Ça n'a l'air de rien ces jeux de l'enfance, tant ça tient à peu de chose ; et pourtant comme les heures s'enfuient rapides à ces simples amusements, et quelle santé tous ces enfants aspirent à pleins poumons, dans une pareille journée d'exercice, sous le bienfaisant soleil du bon Dieu !

Les bourgeons des peupliers et des trembles faisaient éclater leur enveloppe duveteuse ; les feuilles perçaient et se développaient ; les branches se couvraient de verdure et les arbres fruitiers de fleurs blanches ; les oiseaux, revenus des régions du midi, construisaient avec des cris de joie, sous ces ombrages odorants, des nids nouveaux pour abriter leurs amours nouvelles ; les champs ensemencés peu à peu se couvraient d'herbe fine, et sur la campagne ensoleillée se promenait le souffle fécondant de la nature en travail.

C'est alors que se réchauffaient les eaux de la rivière et que le poisson se remettait à mordre.

Près du pont rouge, tout à côté de la maison de M. Rambaud, Lucien donnait ses premiers coups de ligne. Alors que la rivière était encore gonflée par la crue des eaux du printemps, le goujon et la carpe abondaient dans le grand remous formé par le premier pilier, à l'entrée du pont.

À tour de bras, comme les enfants, Lucien lançait sa ligne qui sifflait avant de s'enfoncer dans l'eau ; et, les jambes écartées, serrant sa perche, la tête penchée, il attendait.

– Toc, toc, la ligne se raidissait avec deux petits coups secs.

– Ça c'est un « gardon », pensait Lucien.

– Toc, toc, répétait le goujon, que Lucien lançait à tour de bras sur la berge.

Le pauvre poisson tressautait convulsivement, laissant sur les cailloux quelques-unes de ses écailles argentées ; le petit pêcheur l'embrochait sans pitié sur une branchette coupée *ad hoc*, mettait un nouveau ver sur l'hameçon et rejetait sa ligne à l'eau. Quant le fil s'agitait avec une tension douce et régulière :

– C'est une carpe qui suce mon appât ! se disait Lucien.

Il laissait faire. Lorsqu'il sentait la traction devenir plus pesante, il donnait un bon coup, et tout son être tressaillait d'aise à la vue d'une grosse carpe rougeâtre qu'il sortait bruyamment de l'eau et qu'il envoyait tomber loin derrière lui, pour ne pas la manquer.

Du haut du pont, son bonnet bleu sur la tête, le brûle-gueule aux lèvres, le père Normand, le gardien, appuyé sur le garde-fou, souriait, tout en chauffant ses vieux membres au bon soleil de juin.

Mais les vraies parties de pêche se faisaient l'été, durant les vacances.

Alors, on partait trois ou quatre, la ligne sur l'épaule, et l'on remontait la rivière, courant les fossés, cherchant les bons trous, les endroits connus pour être poissonneux.

Lucien se rappelait bien le jour et l'endroit où il avait manqué son premier *achigan*.

C'était dans la grande fosse, vis-à-vis le champ de Joseph Nichol, dont la maison blanchie à la chaux se dressait en face, de l'autre côté de la rivière, avec son toit rouge et ses contrevents verts.

On était en août et le soleil dardait tous ses feux sur les champs jaunis. Assis sur une grosse pierre, au bord de l'eau, sous un orme gigantesque dont l'ombre se projetait jusqu'au milieu de la rivière, Lucien attendait patiemment, sa perche appuyée sur le genou gauche, que quelque poisson voulût bien mordre ; ce qui, ce jour-là, se faisait attendre. Lassé de regarder la ligne qui s'enfonçait immobile dans l'eau, profonde à cet endroit, il examinait avec curiosité tout un tableau qui se reflétait sur la surface calme de la rivière.

De l'autre côté, sur la rive opposée, une femme et deux hommes, en retard dans la fenaison, chargeaient de foin une charrette. Comme ils se trouvaient sur le point culminant de la rive, et tout près du bord, les travailleurs, la voiture et le cheval étaient réfléchis dans l'eau. Seulement, les gens et l'animal s'y mouvaient la tête en bas, près d'un gros nuage blanc qui, du fond du ciel, se mirait aussi dans l'eau couleur d'acier bruni. À droite, une clôture dévalait sur la grève, suivant la pente abrupte de la berge, et, sur un pieu dont la base trempait dans l'eau, une corneille lissait ses plumes en poussant de temps à autre un rauque croassement ; vers la gauche, une vache, la tête passée par-dessus la clôture du champ voisin, ruminait lentement et de ses grands yeux paisibles observait les travailleurs.

La chaleur du jour, le cri monotone et continu des cigales et des sauterelles qui chantaient à côté de lui, plongeaient Lucien dans un engourdissement semblable à celui du sommeil. Il oubliait qu'il tenait une ligne entre ses mains, quand il fut soudain rappelé à la réalité par une brusque secousse qui fit tremper dans la rivière le petit bout de sa perche. Vivement il la raidit, et tout en voyant la ligne courir dans l'eau, il sentit qu'il y avait au bout quelque chose de lourd. Un bond le mit sur pied.

Le poisson était enferré et entraînait avec lui l'hameçon en tournant éperdument.

– Un achigan, et un gros ! se dit Lucien qui connaissait la manière vorace avec laquelle attaque ce poisson.

Il se mit à tirer de toutes ses forces en faisant quelques pas pour remonter la berge. Il entrevoyait sa proie dont le ventre brillait entre les cailloux du bord. Il lâcha sa perche et se mit à tirer sur la ligne. Déjà l'animal touche terre, lorsque, d'un vigoureux coup de queue, il casse l'empile, et, en deux sauts, se rejette à l'eau. Lucien se précipite pour le retenir, glisse sur une roche couverte de limon et tombe à plat ventre dans la rivière.

Comme il se relevait tout navré, penaud, la corneille s'envolait de l'autre rive en jetant un cri moqueur.

II

En vacances

Nous avons déjà dit que la quatrième fut pour Lucien la classe la plus ennuyeuse, la plus dure de tout son cours d'études. Aussi vit-il arriver le temps des vacances avec une satisfaction facile à comprendre. Avec sa paresse systématique, il avait su conserver assez de points dans ses compositions de l'année pour passer en troisième au mois de septembre.

Ce modeste succès suffisait à son ambition, et il n'envia nullement la gloriole de ses condisciples qui remportèrent les prix de thème et de version grecs.

Quoique le bulletin de fin d'année fût assez peu satisfaisant, M. Rambaud, qui avait promis un fusil à Lucien s'il travaillait bien, ne put s'empêcher d'écouter ce que lui disait son cœur de père, et, quand il alla chercher son fils au collège, il lui acheta l'arme que celui-ci convoitait depuis longtemps.

À peine arrivé à la maison, Lucien voulut essayer son fusil, malgré les protestations de sa pauvre mère, qui, les larmes aux yeux, reprochait à son mari de permettre à un enfant un jeu aussi dangereux.

– Bah ! un enfant ? repartit M. Rambaud, Lucien a seize ans ; sais-tu bien que c'est un homme à présent ?

Lucien se rengorgeait et regardait, enchanté, son père qui n'avait pas l'air moins heureux que lui. Autant pour rassurer sa femme que pour éviter un accident, M. Rambaud apprit à son fils la manière de se servir de son fusil, de façon à ne blesser ni lui-même ni ceux qui seraient avec lui.

À Saint-Omer habitait un cousin de Lucien, Paul Morel. D'un an moins âgé, Paul faisait aussi ses études à S*** et allait entrer en quatrième. C'était un gros garçon, rougeaud, blond, remuant, aimant le rire et le bruit ; quelquefois cependant rêveur aussi. L'on comprend que Paul étant l'ami, le compagnon naturel de Lucien, il lui fallut bien, lui aussi, avoir un fusil cette année-là.

Par une journée torride de juillet, le sac à plomb et la poire à poudre en sautoir, le fusil crânement jeté sur l'épaule droite, nos deux héros se mirent en marche pour gagner un petit bois voisin. Ils faisaient résonner sur le trottoir les lourdes bottes qu'ils avaient cru devoir chausser pour la circonstance, et regardaient d'un air vainqueur les fillettes qu'ils rencontraient.

Bientôt ils arrivèrent en rase campagne, et, quoiqu'il fît une chaleur de quatre-vingt-dix degrés, ils allaient à grandes enjambées, soulevant la poussière du chemin sous laquelle disparut en un moment le vernis de leurs belles bottes de chasse.

Les foins mûrs jaunissaient à perte de vue dans la plaine, et on aurait cru que les champs allaient flamber au feu du soleil.

À cette époque de l'année le gibier est plus que rare ; aussi nos deux chasseurs ne se firent-ils aucun scrupule de tirer sur les pauvres oisillons qui, posés innocemment sur les clôtures ou sur quelque épis de blé, eurent le malheur de se trouver à portée de fusil.

À l'entrée du bouquet de bois, isolé comme un îlot au milieu d'une mer de champs, Lucien dit sérieusement à Paul :

– Si nous allions rencontrer un ours ?...

– Mais, fit Paul d'un air décidé, n'avons-nous pas nos fusils ?

– Et tu crois pouvoir tuer un ours avec du petit plomb ?...

– Ah ! c'est vrai !...

– Eh bien ! j'ai prévu le cas, moi ! Tiens, fit Lucien, en sortant de sa poche deux balles de calibre. Si nous en voyons *un*, je glisse une balle dans mon fusil, et l'ours n'a qu'à bien se tenir !...

Ils entrèrent dans le bocage à la recherche de quelque aventure terrible, rêvant d'un formidable massacre de bêtes fauves.

Le soir, couverts de poussière et de sueurs, traînant le pied, ils revenaient au logis avec une demi douzaine de tout petits oiseaux, plus un malheureux écureuil, qu'ils tirèrent triomphalement de leurs poches, comme preuve de leur adresse. Ce carnage avait bien exigé vingt coups de fusil.

M. Rambaud leur reprocha de tirer ainsi de pauvres petits êtres qui ont leur utilité en débarrassant les champs d'insectes nuisibles, et qui n'ont pas été faits pour la nourriture de l'homme. – Autant de nids déserts qui ne retentiraient plus des joyeux chants que modulaient naguère encore ces gosiers délicats maintenant éteints par la mort.

Les deux cousins eurent honte de leur cruauté et décidèrent qu'en attendant l'arrivée des alouettes de grève, aux premiers jours d'août, ils tireraient à la cible.

Et pendant plusieurs jours les champs qui avoisinaient le village retentirent d'une fusillade des mieux nourries.

L'exercice du fusil ne devait pourtant pas absorber tout leur temps. Entre autres enfants que les vacances avaient amenés à Saint-Omer, se trouvait une cousine de Lucien et de Paul et dont les parents habitaient la ville. Madame Morel avait invité sa nièce, Alphonsine Ménard, à venir passer quelque temps chez elle.

Âgée de treize ans, Alphonsine était blonde, toute mignonne, avec de grands yeux bleus déjà rêveurs. Elle avait, avec ses robes courtes et ses jambes encore grêles, cette gaucherie qui n'est pas sans charme chez les fillettes et les fait ressembler aux jeunes oiseaux à qui les plumes viennent de pousser. Sa voix, qui n'était pas encore faite, avait parfois des inflexions rudes comme celle des garçons. Mais en dépit de ces imperfections – qui, du reste, allaient bientôt disparaître, – la délicatesse de ses traits, la gentillesse de ses manières, ses câlineries, une étincelle qui scintillait parfois dans son œil bleu profond, laissaient déjà percer la femme qui avant longtemps aimerait.

Paul avait une sœur, Juliette, son aînée de deux ans, et qui en comptait seize. Comme sa cousine elle était blonde, mais grassouillette et potelée déjà comme une caille bien à point. Douce et franche était sa figure, avec des lèvres un peu fortes, mais appétissantes, comme cerises de France.

Naturellement, les deux jeunes filles étaient inséparables, et du matin au soir on les voyait se promener, les bras entrelacés, du parterre au jardin, et, le soir, sur le large trottoir qui avoisine l'église. Très souvent, durant la journée, Juliette et Alphonsine se rencontraient avec Lucien et Paul ; mais les jeux bruyants de ces messieurs qui avaient presque toujours entre les mains fusils, pistolets, poudre et balles, effrayaient les deux jeunes filles qui se sauvaient en jetant des cris d'oiseaux effarouchés, quand l'un des deux cousins faisait mine de les coucher en joue.

Car c'était la manière de ces gamins de se venger des airs mystérieux qu'avaient habituellement ces demoiselles, de leurs confidences échangées à voix basse, de leurs chuchotements, de leurs éclats de rire à tout propos.

Un jour qu'Alphonsine lui avait gentiment ri au nez, en passant près de lui avec Juliette, Lucien lui cria en courant après elle :

– Ah ! tu te moques de moi ! Eh bien, je vais t'embrasser.

Et il poursuivit Alphonsine qui s'enfuit, criant, tandis que Juliette entraînait sa cousine en riant à tue-tête, et faisant un grand froufrou de soie avec sa robe longue qui s'embarrassait autour de ses pieds.

Lucien n'eut pas de peine à rejoindre son espiègle cousine qui, se cachant la figure dans les deux mains, reçut un gros baiser dans le cou.

À partir de ce jour-là, il y eut entre eux plus de contrainte que par le passé. Ce baiser, appliqué par Lucien, tout comme il aurait donné une poussée amicale à un camarade, l'avait laissé penaud, après qu'il eut senti ses lèvres effleurer le cou tiède et parfumé de sa cousine, tandis que celle-ci, sous l'étreinte et le baiser de Lucien, avait tressailli par tout son être d'un frisson étrange.

Aussi, quoique se recherchant plus que par le passé, se sentaient-ils embarrassés, maintenant, quand ils se trouvaient en présence ; et, souvent, lorsqu'ils cueillaient des fruits dans le verger où le soleil, qui tombait d'aplomb sur les arbres immobiles, mûrissait les cerises et les prunes, leurs mains venant à se toucher, le sang affluait aux joues des deux enfants, qui allaient cesser de l'être.

Ces jours-là, il leur semblait que le chant des oiseaux était plus doux et que les bouffées de brise qui passaient à travers le jardin étaient plus chaudes et plus embaumées. En même temps, des voix inconnues jusqu'alors murmuraient en eux des mélodies indécises qui les plongeaient dans une langueur et une tristesse pour eux indéfinissables.

C'est que leur enfance insoucieuse prenait fin et que pour eux commençait l'adolescence avec le pressentiment des joies troublées, des amertumes de la vie.

On commence toujours par aimer sa cousine, a dit quelqu'un bien longtemps avant moi. Alphonsine et Lucien s'aimaient donc d'un amour encore enfantin, il est vrai, et qui s'ignorait presque lui-même ; mais enfin ils sentaient qu'un grand travail se faisait en eux, et tout un monde nouveau, immense, rayonnant de charmantes chimères, s'ouvrait à leur pensée dans une lointaine perspective.

Mais, comme depuis l'enfance jusqu'aux derniers jours de la vieillesse, l'homme ne saurait goûter un plaisir pur, Lucien sentit aussitôt la dent venimeuse de la jalousie le mordre au cœur.

Un jour, Paul Morel arriva chez M. Rambaud avec un portefeuille que lui avait cédé Alphonsine, en échange d'un canif qu'il lui avait donné.

Plus jeune d'un an que Lucien, Paul n'éprouvait que de l'amitié pour sa cousine et lui préférait certes de beaucoup son beau fusil tout flamboyant. Alphonsine n'était pour lui qu'une sœur, qu'un camarade de jeu.

Apparemment pourtant que Lucien n'en jugeait pas ainsi ; car, en apercevant le portefeuille qu'il avait souvent remarqué aux mains de sa cousine, il s'écria :

– Oh ! donne-le moi ? Veux-tu ?...

– Non, fit Paul, qui avait longtemps convoité l'objet, parce qu'il le trouvait gentil.

– Tu ne veux pas ?... fit Lucien dont l'œil brilla de colère.

– Non, non !

Lucien, pour lui enlever le portefeuille, s'élança sur Paul.

Celui-ci poussé brusquement en arrière, tomba dans une tranchée profonde de cinq à six pieds, et qui avait autrefois servi de pertuis à un moulin. Heureusement qu'il y avait au fond un lit de branches sèches et de terre molle que l'on y jetait tous les ans pour combler peu à peu l'excavation, et que la chute de Paul en fut amortie.

Il n'en sortit pas moins un peu meurtri mais beaucoup sali, et s'en alla furieux chez son père. Les deux cousins furent huit jours sans se voir, Paul, irrité, ne voulant plus parler à Lucien et celui-ci, tout honteux, n'osant pas se montrer chez M. Morel.

Les parents s'aperçurent bien de leur bouderie, mais se gardèrent d'intervenir, et leur laissèrent le soin de régler à l'amiable une querelle dont ils étaient loin du reste de soupçonner la cause.

Vers la fin d'août, Alphonsine Ménard dut retourner à la ville. Pendant les deux jours qui précédèrent le départ de sa cousine, Lucien devint tout mélancolique et parut dégringoler dans un abîme de réflexions. Quand il se trouvait seul, il tirait de sa poche un crayon, avec un chiffon de papier, et, le front soucieux, l'air profondément absorbé, il griffonnait quelques lignes, jamais plus de quatre, qu'il raturait sans cesse.

Enfin, le jour où elle devait quitter Saint-Omer, Lucien, se trouvant un moment seul avec Alphonsine, lui glissa dans la main une petite enveloppe contenant une feuille de papier à billet, à tranche dorée – c'était alors d'usage – sur laquelle il avait écrit de sa plus belle main le quatrain suivant :

« *Tu vas partir, chère Alphonsine,*
  – Pour le couvent ;
À ton cousin, chère cousine,
  Pense souvent ! ».

Tel fut le premier et bien modeste fruit qui naquit du commerce de Lucien avec la Muse.

Alphonsine rougit jusqu'au front, et cacha l'innocent papier dans la petite poche de son tablier. Elle partit le lendemain.

Lucien s'ennuya bien d'abord de ne plus la voir chaque jour ; mais les plaisirs excitants de la chasse aux alouettes dissipèrent bientôt ses regrets, et remplirent bruyamment les dernières journées de cette vacance.

Tant à cet âge les impressions sont aussi promptes à s'effacer qu'à naître !

III

La vie au collège

Après ces vacances bien remplies, nous retrouvons Lucien Rambaud au collège de S***, sur le déclin d'une des premières journées de septembre, 186*. Depuis deux mois, les échos, endormis dans ces murs séculaires et maussades, n'ont pas été réveillés dans leurs niches poussiéreuses par messieurs les élèves. C'est le jour de la rentrée.

Après nous être frayés un chemin malaisé à travers une infinité de véhicules, remplis d'effets de tout genre, et qui bloquent les abords de la porte d'entrée, après nous être glissés entre des entassements de malles, de matelas, de lits de sangle et de lave-mains, nous parvenons dans le grand corridor, près d'un groupe d'élèves qui s'agitent, parlent, crient et rient tous à la fois.

– Bonjour Lucien !

– Bonjour Jules !

– Tiens, Paul !

– Ça va bien !

– Merci, et toi ?

– Très bien.

À la conversation animée de ces messieurs, à leur désinvolture, au laisser-aller de leur *capot*, de leur ceinture et de leur casquette crânement aplatie sur l'oreille droite, nous reconnaissons tout de suite en eux des *anciens* et des *bons vivants*. Le type en est partout le même, classique comme les auteurs sur lesquels ils pâlissent depuis septembre jusqu'en juillet.

Pour être ancien au collège, il faut avoir fait au moins un pèlerinage de deux ou trois années dans les sables arides des déclinaisons et des verbes latins, usé trois ou quatre paires de manches sur l'épitomé, avoir eu enfin les honneurs d'une présentation préliminaire aux héros de l'antiquité par l'entremise de l'assommant auteur du « De viris illustribus ».

Mais ces avantages ne suffisent pas à un ancien pour lui mériter le titre de bon vivant. Ennemi du silence et des leçons, cauchemar des maîtres de salle, victime du maître d'étude et souffre-douleur des professeurs, le bon vivant a toujours un pensum en perspective, un pion à ses trousses et un livre prohibé dans son pupitre ou dans la doublure de son capot. Il parle quand il devrait se taire et se tait quand il lui faudrait parler, devenant tout à coup muet à l'heure redoutable de la leçon. Ayant du reste généralement bon cœur, du talent et beaucoup d'amis.

Si le jour de la sortie des classes lui représente l'idéal du bonheur, celui de la rentrée en est bien l'antipode. Pendant deux mois il a nargué la férule, les pensums, le latin et le grec, fait fi des maîtres, des excentricités et des abominations culinaires, ainsi que des odeurs rances du réfectoire ; pendant huit semaines il s'est roulé dans le plaisir et la joie, comme l'abeille dans le calice et le pollen d'or des fleurs, et, le dernier jour des vacances arrivé, il lui faut brusquement tourner le dos à toutes ces jouissances et reprendre mélancoliquement le chemin cahotant qui mène à la science entre deux haies épaisses dont l'une est faite toute d'abnégation, tandis que l'autre laisse pendre aux bords de la route quelques fleurs souvent, hélas ! trop près des épines.

Deux mois de vacances ! Que c'est long... avant la sortie, mais court quand on se retrouve après quelques semaines de francs et joyeux ébats ! Mais le bon vivant a un grand fond de philosophie à lui. Ça l'ennuie ferme la rentrée, mais il n'en laisse rien paraître. Aussi semble-t-il déjà tout entier à ses amis qu'il revoit avec plaisir, et aux *nouveaux* qu'il va bien taquiner un peu pendant quelques jours.

Le nouveau ! En voici un dont l'existence n'est pas rose aux débuts de la vie collégiale ! Voyez cet adolescent au teint rosé, aux cheveux fraîchement coupés sur un front candide. Le *capot* boutonné jusqu'au menton, la ceinture de laine verte, vierge de plis et de taches et dont les franges lui descendent modestement sur la hanche gauche, la casquette roide sur la tête comme le couvre-chef d'un pompier, il passe sans bruit entre les groupes d'anciens, les regarde étonné, va furtivement de ci, de là, hésitant, sans trouver ce qu'il cherche. Enfin il se hasarde à demander en rougissant où se trouve le dortoir. – La première chose à faire pour l'élève est d'aller placer son lit et ses effets dans cet entrepôt du sommeil, endroit chéri des paresseux.

Par malheur, notre ingénu s'est adressé à Paul Morel, grand joueur de tours, et qui lui indique la première porte en vue. Le nouveau s'y dirige, traînant son lit de sangle à la remorque. Il ouvre la porte et va entrer quand de grands éclats de rire l'arrêtent sur le seuil. C'est la salle d'étude.

– Ah ! ah ! s'écrie Paul en s'esclaffant de rire, tu n'as pas besoin de porter ton lit à l'étude. On y dort assez bien sans cela !

Grâce à quelque camarade moins facétieux, le nouveau trouve enfin le dortoir, habituellement situé sous les combles et où il place naturellement son lit dans un endroit bien exposé aux regards du maître : les anciens, le bon-vivant surtout, plus expérimentés, ayant eu soin de s'emparer tout d'abord des meilleurs postes, de ceux où l'on est caché par une cheminée, par l'angle d'un mur et derrière lesquels on peut s'ébaudir et se livrer à quelque gaminerie sans être aperçu du maître qui surveille le coucher.

Laissons le dortoir, où il reste à peine assez de place entre chaque lit pour y laisser passer un maigre écolier, et descendons rejoindre le gros des élèves.

La cloche se fait entendre. Il est six heures du soir, heure néfaste où prennent fin les jeux non-interrompus de huit semaines de liberté, pour commencer les dix longs mois de contrainte qui composent l'année scolaire. À ce signal, auquel ils sont habitués d'obéir comme des troupiers au clairon, les anciens prennent le chemin de la salle. Les nouveaux suivent, emboîtant le pas derrière leurs aînés.

Pour donner une idée du contraste qui devait si désagréablement frapper Lucien, entre la vie libre qu'il menait au grand air pendant les vacances et la réclusion pénible dans laquelle il lui fallut, durant sept années, passer dix interminables mois, nous allons résumer la vie d'un interne depuis l'heure du lever jusqu'à celle du coucher. En analyser un jour, c'est faire l'histoire de toute l'année scolaire.

À part un pensum de plus ou de moins, une aile de poulet aux jours de très grandes fêtes, la visite d'un parent au parloir et quelques-unes de ces escapades qui excitent la hire et font redoubler la vigilance des maîtres de salle et d'étude, tous les jours de la vie collégiale sont tissés de la trame la plus uniforme.

À cinq heures du matin, l'été, durant l'hiver, à cinq heures et demie, premiers coups de cloche dont les tintements, désagréablement prolongés, agacent le tympan des dormeurs. Le maître se précipite hors de sa chambre et fait faire un saut de carpe aux plus endormis, en criant d'une voix de stentor :

– *Benedicamus Domino !...*

S'il m'en souvient bien, cette injonction de louer le Seigneur rencontre assez peu d'enthousiasme chez le plus grand nombre des élèves qui ont, du reste, pour excuse, d'avoir les idées encore un peu noyées dans les brumes du sommeil. Adieu, repos ! adieu, beaux songes ! et toi, cher bon lit, si douillettement chaud en hiver, il faut s'arracher brusquement de tes enlaçantes couvertures !

Le temps accordé à la toilette est des plus restreints, et si les miroirs sont tolérés au dortoir, c'est qu'il est bien établi que l'élève n'a pas le temps de s'y regarder. Quinze minutes après le réveil, la cloche fait entendre de nouveau sa voix impitoyable et tous doivent être prêts à partir. Malheur à celui dont la main trop empressée a fait sauter le bouton qui retient le faux-col à la chemise ; on ne lui accorde pas dix secondes pour y suppléer ! Il lui faudra remplacer par des épingles, à la salle ou à l'étude, le bouton absent ; opération qui offre le double agrément d'être fort ardue et de gêner les mouvements du cou pour le reste de la journée.

On se dirige vers la salle. Lorsque le bon vivant a décidé de dormir à l'étude du matin, il a soin de s'y préparer de la manière suivante. Il s'habille en deux tours de mains et se jette sur son lit en attendant qu'on laisse le dortoir. Et puis, il se lève bien doucement, ne regarde que d'un œil l'aurore qui flamboie à travers les fenêtres, et marche le plus lentement qu'il peut derrière ses chefs de file ; de cette façon il garde au logis ses facultés somnolentes qui lui tiendront fidèle compagnie jusqu'à l'heure du déjeuner.

Mais si quelque lecture attrayante, ou une fièvre de paresse, ne lui a pas permis de faire son thème ou sa version aux heures d'étude de la veille, il lui faut se tenir bien éveillé pour réparer tant bien que mal, le matin, tout le temps perdu le soir précédent. À cet effet, il se remue le plus possible en descendant du dortoir. Il donne un croc-en-jambe à celui qui le précède, guette le détour d'un corridor pour pousser brusquement Lucien sur Paul qui dort en marchant, et ne finit ses taquineries que lorsque, la prière du matin terminée, il se voit mis à la question *ubi, quo, quâ, undè*, empêtré dans une tournure latine, tenu en échec par la césure introuvable d'un hexamètre sien aussi boiteux de rythme que dépourvu d'idée.

Cette heure d'étude qui précède le déjeuner est la plus silencieuse de la journée ; chacun s'y occupant, à part les dormeurs obstinés, à errer dans les steppes arides de la syntaxe latine, à brouter les chardons du jardin des racines grecques, à tendre toutes les fibres de son cerveau sur les verbes contractés, ou à élucubrer un thème qui vaudra probablement au moins une heure de retenue à son coupable auteur.

À sept heures, nouvelle volée de cloche qui coupe ici un vers en deux, met là, fin aux divagations d'un traducteur de Platon en train de prendre Criton pour le Christ, arrête plus loin un malheureux fabricant de thème sur l'écueil d'un dix-septième barbarisme, et tire brusquement du sommeil un élève de quatrième endormi par la cadence monotone d'une décade rétive aux freins de la mémoire.

Sautons à pieds joints par-dessus le maigre quart d'heure d'un déjeuner plus maigre encore et dont le pain et le beurre, avec une espèce de liquide rougeâtre désigné sous la dénomination fantaisiste de thé ou de café, faisaient autrefois tous les frais.

Suivent dix minutes de récréation et puis la messe basse, qui se dit habituellement au chant des cantiques. La messe terminée, les internes après avoir été prendre à l'étude leurs livres de classe, se rendent à la grande salle où ils attendent silencieux que l'on appelle à son tour chaque division.

Peu à peu la pièce se vide, et les portes des différentes classes disséminées dans le vaste édifice se referment sur leurs habitués de tous les jours.

Quelles sont longues pour le bon vivant les soixante minutes qui précèdent neuf heures ! Chacune de ces trois mille six cents secondes renferme ses angoisses et son cauchemar. Heure redoutable entre toutes, pendant laquelle la crainte et l'espérance, l'abattement ou la joie finale tiraillent tour à tour les cerveaux indolents ; temps où l'écolier fautif oublie tout autre chose pour concentrer ses facultés mentales sur une seule et muette interrogation : *me la demandera-t-il ?...*, heure plus lourde que le rocher d'Encelade, heure de remords et d'expiation, heure de la leçon, c'est de toi qu'il s'agit enfin !

Le maître et les élèves se sont assis.

Pendant que le professeur range solennellement ses livres sur sa tribune, et met à portée de main son redoutable cahier de notes, avec le crayon qui les doit marquer, tout à côté de sa tabatière et de son mouchoir à larges carreaux rouges, ceux d'entre les élèves qui ne savent pas la leçon du jour se précipitent sur le livre qui la contient et dilatent tout leur être dans les aspirations effrénées d'une mémoire aux abois. Courbés sur le volume, se bouchant les oreilles pour n'être pas distraits par les chuchotements des voisins, les muscles du front saillants par suite d'une immense tension d'esprit, ils sont là immobiles, pompant avec une avidité fébrile tout ce dont leur mémoire – éponge parfois mal formée par la nature et souvent durcie par la paresse – peut s'imprégner en quelques instants.

Hélas ! ce zèle intempestif cause la perte de plus d'un malheureux. Le maître – souvent malin – avise le plus absorbé des étudiants, et, d'une voix qui tonne à l'oreille de celui qui est interpellé, comme retentira la trompette de l'archange au jugement dernier :

– Monsieur Rambaud ! dit-il en se mouchant bruyamment.

La première victime ainsi désignée sent un frisson courir jusque dans la moelle de ses os, et se lève en brûlant du regard les premières lignes à réciter.

Avec quelque assurance, Lucien part, passe sans broncher sur la première phrase, hésite un peu, puis s'embarrasse à travers la seconde, s'arrête, en jetant un regard navrant de détresse sur son voisin pour qu'il lui souffle ce qui doit suivre – tricherie aussitôt prévenue par l'œil d'Argus du professeur – et finit, après un pénible silence de plusieurs secondes, par retomber sur son banc, écrasé par cette apostrophe terrifiante du maître :

– Vous ne savez pas votre leçon ! Vous me l'étudierez pendant la récréation, *en silence,* jusqu'à ce que vous me l'ayez récitée !

Et le maître passe à un autre cancre qui, ayant eu cinq minutes de plus que le premier, bredouille une phrase en sus et s'assied bientôt à son tour avec la triste perspective d'être privé d'une heure ou deux de récréation.

Enfin, l'heure terrible a égrené sa dernière seconde sur la classe silencieuse, et l'on passe à la traduction des auteurs latins ou grecs.

Habituellement, le bon vivant ne fait pas grand effort pour écouter ce que disent ces doctes mais peu récréatifs auteurs, et se livre alors à une foule d'occupations qui n'ont rien de commun avec les graves écrits des anciens. Il lit à la dérobée, orne de dessins fantastiques les marges de ses livres, découpe des hiéroglyphes sur la table avec la pointe de son canif, badine avec son voisin, si celui-ci lui ressemble, ou le fait endêver s'il est soupçonné d'espionnage.

À dix heures, l'on prend un quart d'heure de récréation après lequel on se rend à l'étude. L'heure qui suit voit peu de travailleurs frénétiques ; beaucoup lisent, un grand nombre flânent, et quelques-uns, enfin, mâchent en ruminant l'herbe coriace de l'instruction classique.

À onze heures et quart, on ferme livres et pupitres pour aller marmotter à la salle un court chapelet après lequel a lieu le dîner.

Il paraît que sur ce dernier article, il y a encore eu amélioration dans nos collèges en ces derniers temps. Aussi en offrons-nous nos félicitations cordiales à messieurs les directeurs de nos pensionnats, et surtout aux élèves – Car tous ceux de mon temps se rappellent l'abominable cuisine collégiale qui a fait de presque nous tous une génération de dyspeptiques à outrance. – Le coût de la pension n'était pas bien élevé, c'est vrai ; mais vraiment aussi la table ne valait pas cher, et notre estomac justement rancunier a gardé une aversion éternelle pour les infâmes ragoûts *spartiatiques* qui composèrent la pitance ascétique de notre adolescence.

Après le dîner, une heure de récréation, toujours passée dans la cour, les jours de beau temps. L'amusement de fondation est le jeu de balle, et c'est celui que pratiquent le plus grand nombre d'élèves. Quelques-uns, cependant, doués d'une nature moins remuante, se promènent par groupes qui adoptent chacun son coin et n'en sortent pas ; mal reçu serait l'intrus qui oserait s'y aventurer, surtout dans celui des bons vivants qui n'aiment pas les mouchards.

Entre une heure et deux, étude suivie de deux heures de classe dont la première partie est traversée par les mêmes angoisses que l'heure de la leçon du matin.

Après la classe vient une demi-heure de récréation pendant laquelle on grignote à belles dents autrefois le pain sec de la collation. C'est alors que le liseur fait le tour de la salle pour emprunter un livre amusant. Car l'heure et demie d'étude qui va suivre est pour lui le temps de grande débauche de lecture. Quel plaisir n'a-t-il pas alors, lui, captif, à battre les prairies et les bois avec les héros aventureux de Fenimore Cooper, de Gustave Aymard ou de Gabriel Ferry dont l'admirable *Coureur des Bois* a exalté et fera rêver encore bien des jeunes cervelles.

Un livre qui avait beaucoup de vogue parmi les collégiens de mon temps, c'est le *Siège de la Rochelle,* roman archidémodé de Mme de Genlis. Cette œuvre fadasse a fait soupirer bien des cœurs adolescents et suscité les perquisitions sévères de plus d'un pion flairant quelque brochure suspecte.

Si la surveillance est rigoureuse à ce sujet, les ruses pour la déjouer n'en sont pas moins ingénieuses. Il est très facile au maître de s'apercevoir, de la tribune élevée où il préside, si un élève lit ou étudie. La tension d'esprit étant moins forte chez le liseur, sa physionomie offre une expression plus calme qui le trahirait tout de suite, quand même le mouvement des pages qu'il lui faut tourner souvent ne le dénoncerait pas.

Mais la question est de reconnaître ceux qui font de la lecture de contrebande et de les surprendre en flagrant délit de roman. Là gît la difficulté, les liseurs de livres défendus au collège étant habituellement gens d'esprit fort inventif de leur nature. Aussi se méfie-t-on de ces Machiavel en herbe et les place-t-on sur les bords de l'allée qui coupe perpendiculairement les rangées de pupitres par le milieu, et dans laquelle rôde souvent le pion qui, *sicut lupus, circuit quærens quem devoret,* et jette, en passant, un regard scrutateur sur les livres qui sont à la portée de son regard.

Cependant, comme ce douanier à l'affût de contrebande de brochures prohibées ne saurait rester debout pendant une heure et demie, il faut bien qu'il s'en retourne s'asseoir.

À peine a-t-il tourné le dos pour gravir les trois ou quatre degrés de la tribune que plusieurs délinquants, placés près de l'allée, ont vite fait de replacer par-dessus la grammaire latine ou grecque, ouverte en évidence sur le pupitre, un livre qu'ils avaient fait glisser sur leurs genoux en voyant le gardien descendre de son observatoire.

Une fois là, celui-ci n'est guère à craindre et les coupables s'enfoncent dans la sécurité de leur crime, derrière un rempart de livres de classe savamment élevé sur le point culminant du pupitre, dès le commencement de l'étude, et jetés là avec une négligence que l'on dirait innocente.

Mais, « toujours ce beau désordre est un effet de l'art », d'un art affiné, tout comme ce petit trou de la grosseur d'un pois et percé dans la grande visière verte dont beaucoup d'élèves se coiffent, soit disant pour se protéger la vue contre la lumière du gaz. C'est par ce mâchicoulis que le liseur, sans qu'il y paraisse, observe l'ennemi et fait disparaître d'un coup de doigt félin la pièce du délit, si la sentinelle soupçonneuse vient à descendre de son poste d'observation.

Il en est de plus retors qui feignent l'inquiétude, l'anxiété, pour attirer sur eux l'attention du pion et se faire confisquer quelque production bénigne de la bibliothèque de Marne et qui, tandis que le ravisseur s'en retourne glorieux avec ce trophée dû à sa vigilance et à sa perspicacité, sortent sournoisement de leur *capot*, un vrai roman, recouvert de papier gris, comme un livre de classe, et le lisent effrontément au nez du maître dont l'âme candide ne saurait soupçonner une pareille dépravation.

De six heures à six heures et demie, on dit le chapelet et l'on fait une lecture spirituelle qui souvent ne doit pas l'être outre-mesure, puisque bon nombre s'endorment à la voix monotone du lecteur.

Suit le souper, autrefois composé de pain et de beurre, ainsi que d'un hachis auquel son apparence et sa saveur équivoques ont valu depuis longtemps une dénomination des plus naturalistes.

L'heure de la récréation du soir est surtout celle de la causerie, vu qu'on la passe généralement à la salle. Les plus avancés, les studieux, parlent sciences, lettres ou histoire, tandis que les autres causent des mille et un riens qui peuvent s'ébattre dans la cervelle d'un écolier de douze à dix-huit ans : souvenirs de vacances, récits de niches faites aux maîtres de salle ou d'étude, sourdes imprécations contre la vie d'internat, aspirations à voir se rompre bientôt la monotonie d'une existence détestée de la plupart.

Les trois quarts d'heure d'étude subséquents sont les plus silencieux de la journée. Peu de travailleurs ; quelques-uns lisent ou rêvent, à moitié éveillés, les autres dorment sur les deux poings. Il n'est pas jusqu'au maître lui-même qui ne subisse l'influence de cette atmosphère de somnolence répandue dans la salle et qui ne se surprenne à dodeliner de la tête.

Enfin, neuf heures sonnent et toute la communauté prend le chemin béni du dortoir.

Tandis que chacun se déshabille, il se fait à haute voix une lecture édifiante, tirée de la vie des saints et que personne n'écoute, pas même souvent le maître qui préside au coucher. Ainsi, il me souvient que nous lûmes pendant plusieurs semaines toujours la vie du même saint personnage qui, au dire de son biographe, avait eu la mésaventure de mourir de la pierre. Ce qui, tous les soirs, nous procurait un moment de douce gaieté.

Une facétie de ce genre réussit moins à Lucien Rambaud qui ayant à dire que saint Benoît passait ses jours entre les jeûnes et les veilles, lut hardiment qu'il les passait entre les jeunes et les vieilles ! Lucien connaissait déjà cette figure du discours si drôlement appelée contrepèterie ; mais mal lui en prit de l'avoir trop hardiment appliquée.

– Benêt vous-même ! Allez vous coucher, et vous me copierez mille vers ! hurla le pion, au milieu de l'immense éclat de rire provoqué justement par les prétendues mortifications peu édifiantes du très grand saint.

Les lumières s'éteignent, les lits de sangle craquent sous le poids de ceux qui s'y installent en y cherchant la position la plus agréable. Déjà quelques ronflements grondent dans le vaste dortoir, et puis un rire étouffé s'échappe d'un coin perdu dans l'ombre.

– Silence ! hurle le maître qui se dirige vers l'endroit d'où est parti le bruit. Mais le farceur, qui feint d'abord de dormir du sommeil du juste, finit bientôt par être la propre victime de sa conscience qui, après tout, n'a pas grand-chose à lui reprocher.

Et, tandis que cent bruits divers font encore tressaillir au loin la ville, le silence étend ses grandes ailes d'oiseau nocturne sur le collège endormi.

D'après cet aperçu de la vie d'interne, l'on comprend combien Lucien Rambaud, avec son tempérament sensible et rêveur, était peu fait pour une existence aussi monotone et d'une rigidité monacale. Aussi, à mesure qu'il croissait en âge et que ses penchants pour les choses miroitantes du monde se développaient en lui, sentait-il s'accroître de jour en jour son aversion pour la vie collégiale.

Pendant l'année qui suivit les vacances où il s'était épris d'Alphonsine Ménard, il chercha à se consoler de l'éloignement de sa cousine en se jetant dans les bras de la poésie. La Muse se vengeait de la violence que Lucien lui avait fait subir, en poursuivant à son tour le jeune homme de ses taquineries.

Il emprunta d'un voisin le traité de versification française que l'on n'étudie qu'en seconde – il n'était encore qu'élève de troisième – et se mit à chercher en tâtonnant l'art de rimer en français cadencé. Pour ce qui est des vers latins, il en évitait la fréquentation avec une terreur profonde, ne se sentant jamais si malheureux que lorsque le devoir du jour consistait à aligner une douzaine d'hexamètres.

En cachette, – il était sévèrement défendu de faire en français la cour aux vierges du Parnasse – Lucien se mit à rimailler à toute heure du jour. Il va sans dire que le nom d'Alphonsine figurait dans la plupart de ces élucubrations remplies *d'yeux bleus comme les cieux,* de *soupirs,* de *zéphyrs,* inondées de *pleurs* et de *fleurs.*

Comme ces productions étaient par trop débordantes de sentimentalité et qu'elles auraient pu attirer quelque mauvaise affaire à leur deux fois coupable auteur, il avait soin de les porter sur lui, dans un calepin qui renfermait une rose que lui avait donnée sa cousine.

En dépit de ces incursions furtives, souvent répétées dans les plates-bandes de la muse Erato, Lucien n'en fit pas moins une assez bonne année ; les compositions françaises que l'on commence à écrire en troisième l'intéressant assez pour qu'il y apportât toute l'attention dont il était capable. Avec ses nombreuses lectures et sa grande imagination, il fut tout aussitôt le premier de sa classe en composition ; succès qui le réhabilita de beaucoup aux yeux du professeur et de ses camarades, car il n'avait guère brillé jusque-là. Aussi cette année lui parut-elle moins désagréable que les précédentes. Ce qui n'empêcha point qu'il vit arriver de nouveau les vacances avec une ultime satisfaction.

IV

Premières amours

Lucien Rambaud avait maintenant plus de dix-sept ans. Quoiqu'il fût encore assez petit de taille, on ne pouvait plus le considérer comme un enfant, dans la supposition même où le léger duvet noir qui se dessinait en accent-circonflexe sur sa lèvre supérieure n'y eût pas encore élu domicile. Il est vrai que ce léger indice de virilité représentait aussi bien des coups de rasoir !

Cette année-là, Alphonsine Ménard ne vint pas à Saint-Omer, ce qui fut cause qu'une autre la remplaça, mais plus sérieusement cette fois, dans les aspirations amoureuses et poétiques de son cousin.

Deux jeunes parentes de M. Morel, invitées au mariage d'une de leurs amies qui habitait non loin de Saint-Omer, profitèrent de l'occasion pour aller passer quelques jours chez leur cousin Morel qui les en avait souvent priées. Celui-ci était l'hospitalité personnifiée, et il faisait bon voir son excellente figure apparaître, lorsqu'il allait au-devant de ses hôtes, dans l'encadrement de la porte au-dessus de laquelle il avait fait graver, en lettres d'or, cette invitation si charmante dans sa simplicité : ASILE CHAMPÊTRE.

Ce fut par une tiède soirée de juillet, que Paul Morel amena chez son père son cousin Lucien Rambaud, pour le présenter aux deux étrangères arrivées durant l'après-midi. Celles-ci, en compagnie de la famille Morel, se tenaient accoudées sur la balustrade d'une terrasse qui s'étend autour de la maison.

L'une des deux jeunes filles, Mlle Julia Beauvais, était brune et de carnation chaude. Ses yeux étaient noirs, vifs, gais ; et ses lèvres, d'un dessin spirituel, étaient sans cesse caressées d'un sourire qui burinait aux joues de mignonnes fossettes. D'abondants cheveux noirs, frisés, suivant la mode du temps, encadraient de leurs torsades épaisses cette figure pleine de jeunesse, qui respirait le plaisir de vivre et le communiquait.

L'autre, Mlle Caroline de Richemond, était frêle, pâle et blonde. Ses grands yeux bleus étaient pleins de ciel et de rêverie quand elle était au repos ; mais, venait-elle à parler, ils s'animaient soudain, et l'étincelle qui jaillissait des prunelles éclairait d'un vif rayonnement la finesse de la pensée, qui s'élançait ailée de ses lèvres fines contractées alors par une délicieuse moue de raillerie bienveillante. L'apparence générale de sa physionomie était pourtant rêveuse, même un peu triste ; et son nez droit, un peu long, comme celui des statues grecques, accentuait l'expression sérieuse de sa figure. Svelte, mais élégante dans sa démarche, comme dans son langage et dans ses manières, Mlle de Richemond, qui appartenait à l'une des grandes familles historiques du pays, était bien le type qui devait impressionner tout d'abord Lucien le rêveur, le poète en herbe. Aussi s'empressa-t-il de lui adresser la parole après les présentations d'usage.

Quant à Paul Morel, les jeunes filles commençaient à faire chanter en lui une corde qui ne vibrait pas encore dans son organisme, l'année précédente, et la voix cristalline de Mlle Beauvais, ses yeux noirs, ses dents de nacre, ses allures pétulantes, faisaient depuis trois heures frémir l'adolescent, comme une guitare que pince une main savante.

Lucien et Paul s'appuyèrent sur la balustrade, auprès des jeunes filles, et se mirent à échanger avec elles des phrases d'abord insignifiantes mais qui, partant de la bouche de ces demoiselles, résonnaient comme un chant suave aux oreilles de nos deux jouvenceaux.

Le soleil se couchait, et ses derniers rayons jetaient une poussière d'or sur le faite d'un bosquet d'ormes qui se dressaient à deux cents pieds, en face, au-dessus d'un étang calme comme la nuit tombante.

Sur la gauche, dans un ravin qui sépare l'étang de la maison, s'élevait le moulin seigneurial dont la lourde masse carrée commençait à se fondre avec l'ombre qui envahissait la profondeur du vallon.

Sur les eaux bleues et polies de l'étang, à travers les massifs de feuillage qui vaguement s'y réfléchissaient, se mira bientôt la figure blonde de la lune qui se levait comme le soleil venait de s'enterrer à l'occident, derrière les Laurentides.

Le silence de la soirée n'était troublé que par le sourd grondement des meules du moulin, et par les coassements d'une centaine de grenouilles qui se donnaient, sur le bord de l'étang, l'innocent plaisir d'un concert de famille.

Dans ce calme de la nature assoupie, Lucien sentait la sève de la jeunesse qui fermentait dans son cœur dont les battements devenaient plus vifs. C'est que, tout à son côté, une épaule gracieusement arrondie effleurait son bras, tandis que deux yeux troublants de femme se fixaient par moment sur les siens avec une langueur pénétrante, et que sur le cou blanc de sa compagne, où frissonnait un duvet de follets cheveux blonds, il lui prenait des envies de poser ses lèvres brûlantes.

Mais il sentait bien que si, dans un moment de vertige, il eût eu pareille audace, il serait tombé, là, éperdu de honte, aux pieds de la fière jeune fille.

Comme ses yeux allaient tour à tour de la figure de sa voisine au paysage qui se déployait devant eux, il aperçut, à la surface et au bord de l'étang, la réflexion de l'étoile du soir dont les rais scintillaient sur l'eau brunie, au milieu d'une échancrure creusée dans le rocher du rivage.

– Oh ! voyez donc, s'écria-t-il, ne dirait-on pas un diamant dans son écrin de velours bleu ?

– Vous êtes poète ? lui demanda Caroline, après avoir admiré la gracieuse image de l'étoile.

– Malheureusement non, mademoiselle, répondit Lucien. Mais en vous contemplant, il me semble que je pourrais le devenir.

– Savez-vous que ce n'est pas mal tourné, pour un collégien, ce que vous dites-là ?...

– Mon Dieu, mademoiselle, il se trouve, au collège comme ailleurs, des âmes pour sentir le beau, des yeux pour l'admirer et des lèvres pour exprimer l'impression qu'ils en ressentent.

– De mieux en mieux ! repartit en souriant Mlle de Richmond. Eh ! savez-vous, ajouta-t-elle, pour corriger l'effet désagréable que le mot *collégien* paraissait avoir produit sur son interlocuteur, savez-vous que l'on rencontre dans le monde, parmi les beaux moineaux qui daignent nous accorder leur attention, très peu de ces messieurs qui sachent si bien dire ?

Lucien, encore peu habitué à ces joutes de salon qui, la plupart du temps, consistent dans un échange de mots d'autant plus sonores qu'ils sont plus creux, restait un peu confus et à bout de réplique, lorsque M. Morel pria ses hôtes de rentrer pour faire un peu de musique. Chez les Morel, on est musicien de père en fils, et de la bonne école.

Ce soir-là, Mme Morel avait invité une belle jeune femme de passage à Saint-Omer, Mme Desîles, qui chantait à ravir. Elle se mit au piano et chanta cette romance plaintive d'Abadie, alors très en vogue, *Les Feuilles Mortes*, que toute une génération d'amoureux a roucoulée avec langueur et soupirs.

Tout en écoutant la voix chaude et sympathique qui savait ajouter encore à la note si triste de cette composition attendrissante, Lucien regardait à la dérobée Mlle de Richemond assise auprès de lui. Lorsque la chanteuse attaqua pour la dernière fois le refrain :

« *Quand vous verrez tomber, tomber les feuilles mortes,*
Si vous m'avez aimé, vous prierez Dieu pour moi ! »

leurs yeux attendris se rencontrèrent, et il y eut entre Caroline et Lucien une communion d'âmes dans un même élan de poétique mélancolie.

Lucien n'oublia jamais le souvenir de cette romance ni celui de la jeune femme qui l'avait si bien interprétée. Ce fut même une des impressions les plus douloureuses de sa vie quand il revit cette dame, quinze ans plus tard. Hélas ! ce n'était plus la jolie jeune femme, aux joues rosées, aux yeux rayonnants d'espérance et de vie... Quinze années de ménage, de revers de fortune, de maladies et de douleurs morales avaient flétri ce visage, maintenant parcheminé, qu'avaient creusé les pleurs. Tous les déchirements d'une vie malheureuse avaient passé par là, ne laissant que des ruines à la place des fleurs de la vingtième année. La vue de ces ravages fit monter un sanglot à la gorge de Lucien, tandis que le refrain de la romance qui l'avait autrefois tant ému traversait douloureusement sa pensée :

« *Quand vous verrez tomber, tomber les feuilles mortes,*
Si vous m'avez aimé, vous prierez Dieu pour moi ! »

Cependant, les autres invités se firent entendre à tour de rôle. Mlle de Richemond, qui avait la voix fraîche et agréable, chanta : « S'il voulait m'aimer un peu ! », romance d'Arnaud. Lucien dut aussi s'exécuter et interpréta la composition du même auteur : « En parlant de ma mère », avec une chaleur qu'il n'avait jamais éprouvée ni fait ressentir, et qui lui valut un long regard des beaux yeux de Caroline.

Mais le succès de la soirée était réservé à Mme Desîles. Priée de charmer encore ceux qui avaient eu la jouissance de l'entendre, elle se recueillit un instant, et, d'une voix frémissante d'émotion, elle chanta cette poignante mélodie : « Le Crucifix », qu'inspirèrent au compositeur Gariboldie les accents profondément douloureux arrachés à Lamartine par la mort d'une femme aimée :

« Toi que je recueillis sur sa bouche expirante,
Avec son dernier souffle et son dernier adieu,
Symbole deux fois saint, don d'une main mourante,
    Image de mon Dieu !

Que de pleurs ont coulé sur tes pieds que j'adore,
Depuis l'heure sacrée où du sein d'un martyr,
Dans mes tremblantes mains, tu passas, tiède encore
    De son dernier soupir.

Le vent qui caressait sa tête échevelée,
Me montrait tour à tour ou me voilait ses traits,
Comme l'on voit flotter sur un blanc mausolée
    L'ombre des noirs cyprès.

De son pieux espoir son front gardait la trace,
Et sur ses traits empreints d'une auguste beauté,
La douleur fugitive avait empreint sa grâce,
    La mort, sa majesté ! »

Cette jeune femme à voix d'ange avait comme un pressentiment de ses futures souffrances. La voix prophétique du malheur se lamentait dans son âme, et voilà pourquoi elle chantait si bien les humaines tristesses !

Lucien retourna chez lui complètement fasciné par les yeux rêveurs de Mlle de Richemond. Une vie chaude, exubérante, courait dans tout son être et bouillonnait dans ses artères. En lui des voix suaves murmuraient des mélodies étranges qui le ravissaient dans une telle extase, qu'il lui semblait plutôt flotter dans l'air que marcher sur cette misérable terre. Sa tête voyageait dans les nuages, en compagnie des étoiles, dont le doux rayonnement jetait une clarté mystérieuse sur le village endormi.

Morel avait organisé pour le lendemain un pique-nique en l'honneur de ses deux parentes.

À une demi-lieue de Saint-Omer, la petite rivière des Perdrix se jette dans la rivière du Bras, après avoir vagabondé à travers bois et prairies. C'est sur les bords de la première, qui trottine en babillant sur un lit de cailloux fins, que l'on avait décidé d'aller passer l'après-midi. Il y eut de nombreuses invitations faites dans la société de l'endroit, et l'on décida que l'on se rendrait dans des charrettes à foin au lieu fixé pour la fête champêtre.

Sur les onze heures, cinq de ces véhicules primitifs, portant chacun de six à huit personnes, se rencontraient en face du logis de M. Rambaud. Après avoir rangé les provisions de toutes sortes que l'on emportait, chacun se plaça à sa convenance, et la joyeuse bande se mit en marche par la plus claire et joyeuse matinée dont juillet ait jamais ensoleillé la vallée du Saint-Laurent.

Lucien et Paul conduisaient chacun une charrette : le premier ayant naturellement à son côté Caroline de Richemond, et Paul coudoyant Julia Beauvais. Tout le monde était assis à plat sur une couche de foin qui ne laissait pas que de faire rudement sentir à ces demoiselles la dureté du siège et le manque absolu d'élasticité du véhicule, lorsque Lucien et Paul s'avisèrent de faire trotter les chevaux. Il y eut aussitôt un tel concert de plaintes, de cris moitié plaisants, moitié douloureux, qu'entrecoupaient les brusques cahotages des charrettes, enfin des protestations si énergiques, des supplications si attendrissantes, que nos deux écoliers durent mettre leurs chevaux au pas.

On suivit quelque temps les bords du Bras qui serpente à travers prés. Sous les flambées de soleil, les eaux claires étincelaient au milieu des champs comme un ruban d'acier. Dans les touffes d'aulnes qui laissaient pendre jusqu'à l'effleurement de la rivière bleue leurs massifs de feuillage d'un vert émeraude, dans les jeunes seigles et sur les blés non mûris, les oisillons se poursuivaient avec des cris d'amour, tandis que les cigales et les sauterelles, se chauffant avec délice au soleil, chantaient sans se préoccuper si la bise d'hiver allait jamais venir.

Lucien, surchauffé par cette chaleur de vie qui courait dans l'air, sentait vibrer toutes les fibres de son être au contact du bras de Caroline, qui frôlait involontairement le sien à de certains mouvements de la voiture. Il lui semblait que des effluves de vitalité se dégageaient de tous ses pores, et il lui prenait de ces envies folles de chanter à tue-tête qui ont dû inspirer ce beau vers à Sainte-Beuve :

« J'étais un arbre en fleur où chantait ma jeunesse ».

Après une demi-heure de marche, la charrette qui se trouvait en tête s'arrêta près d'un moulin situé sur le bord de la route, et mû par les eaux de la rivière des Perdrix.

L'on fit halte, les jeunes gens offrant la main à leurs compagnes pour les aider à sauter à terre. Quand Lucien sentit le corps souple de Caroline peser au bout de ses bras tendus et lorsqu'il entrevit, dans une envolée de jupes et de dentelles blanches, comme elle allait toucher le gazon, son bas bien tiré au-dessus d'une cheville aux fines attaches, il lui sembla que son cœur faisait le grand écart. La vue d'un tout petit pied de femme cause de si drôles d'émotions chez les tout jeunes gens !

Tandis que les serviteurs descendaient les provisions de voiture et se préparaient à mettre le couvert à l'endroit que l'on avait choisi pour le goûter, les gracieux couples se mirent à dévaler à la file la pente un peu raide qui mène à la rivière.

À part un plateau de quelques arpents qui était ensemencé, les bords de la rivière avaient encore en cet endroit un aspect demi sauvage, il y a trente ans. De grands sapins, des pins noirs hardis, dressaient leur cône dentelé au-dessus de chaque rive, tandis qu'à leur pied des massifs de broussailles défendaient en grande partie l'approche de la rivière à laquelle on ne parvenait que par une trouée d'une trentaine de pas, que la hache d'un colon avait pratiquée dans la futaie.

Mères venues pour exercer une prudente surveillance, jeunes filles et garçons, tous un peu fatigués par le trajet, la poussière et l'ardeur du midi, s'assirent, d'abord silencieux et s'épongeant le front, sous un bouleau qui tout près du bord de la rivière, se dressait coquettement drapé dans son justaucorps de satin blanc, et de ses longs bras frémissants couvrait de son ombrage protectrice cette charmante jeunesse.

Animé par une légère brise, l'arbre faisait bruire au-dessus des couples rapprochés ses feuilles légères, qui murmuraient amoureusement au moindre souffle comme sous l'étreinte d'une caresse, tandis que les sapins et surtout les grands pins d'à côté mariaient leur musique berceuse au gai murmure de l'eau qui gazouillait sur les cailloux, et qu'un pinson des bois jetait au loin ses deux notes uniques dont la dernière, quatre fois répétée, forme avec la première une quarte liée d'une mélancolie pénétrante.

– Voilà un oiseau, dit Lucien à Mlle de Richemond, qui a la voix triste comme celle d'un écolier au collège.

– Vous n'aimez pas ça, le collège ? demanda Caroline, dont les lèvres dessinèrent un malicieux sourire.

– C'est-à-dire que je l'exècre ! Mais, Dieu merci, je n'en ai plus que pour deux ans. J'ai la promesse de mon père d'en sortir après ma rhétorique.

– Dans deux ans... Et que ferez-vous après ?

– J'étudierai la médecine, ou le droit.

– Oh soyez plutôt avocat ! Savez-vous que je n'aimerais pas avoir un mari médecin, moi !

– Et pourquoi cela ?

– Parce que..., fit Mlle de Richemond avec une petite moue, en mordillant son gant.

Lucien prit pour un aveu cette remarque de Caroline qui pouvait bien n'être qu'une réflexion en l'air.

– Elle m'aime ! pensa-t-il : je serai avocat.

– Oh ! je vais bien m'ennuyer après les vacances, reprit-il en osant à peine croiser son regard avec celui de Caroline.

– Et pourquoi ? demanda-t-elle d'un air curieux.

– Parce que... répondit tout simplement Lucien, qui rougit encore plus que ne l'avait fait auparavant la jeune fille.

Cependant les serviteurs avaient étendu les blanches nappes sur l'herbe fine, à l'abri des rayons du soleil et rangeaient les mets variés. Quand la collation fut prête, les jeunes gens se firent les cavaliers servants des dames dont les dents de nacre se prirent à denteler l'enveloppe croustillante des pâtés de viande froide, ou la croûte dorée des gâteaux dont les femmes sont si friandes.

Empressé auprès de Caroline, Lucien ne voyait qu'elle et la regardait grignoter avec admiration. Le moindre de ses mouvements, le geste que faisait sa main délicate en allant chercher quelque parcelle de pâtisserie dans un repli de sa robe, son petit doigt qui se relevait sur le verre qu'elle portait à ses lèvres, tout chez elle était pour le jouvenceau motif à ravissement. Jamais auparavant il n'avait remarqué autant de grâce poétique dans les actes les plus ordinaires de la vie. Il n'y a pas à se le dissimuler, le pauvre garçon était sérieusement atteint du mal d'amour qui affecte la vue d'une façon toute particulière.

Après les dames, ces messieurs eurent leur tour, et les jeunes filles insistèrent pour les servir ; ce à quoi ils se prêtèrent avec enchantement, après avoir néanmoins mollement protesté par politesse. Lucien insista pour se servir de l'assiette et du verre de Caroline, et, quoi qu'elle fît pour l'en empêcher, il eut l'audacieux bonheur de mettre ses lèvres sur quelques bribes de pâtisserie que Mlle de Richemond avait effleurées de sa bouche.

– Ce n'est pas bien, ce que vous faites là ! lui dit-elle, avec un accent de reproche.

– Pourquoi donc ?

– Cela n'est pas convenable. Auriez-vous, par hasard, la prétention de connaître mes pensées, comme on dit ?

– Oh ! si je pouvais ! repartit Lucien, qui lui lança un regard brûlant.

– Vous n'en seriez guère plus avancé !

Ceci fut dit si froidement, que les larmes en vinrent aux yeux du jeune homme. Mlle de Richemond s'en aperçut et s'efforça d'atténuer ce que sa répartie pouvait avoir de cruel, en s'asseyant auprès de Lucien qui déclarait ne plus avoir faim. Voyant qu'il restait triste, en dépit des efforts qu'elle faisait pour l'égayer :

– Voulez-vous que nous marchions un peu, comme les autres ? demanda-t-elle en désignant des groupes épars qui erraient lentement sur les bords de la rivière.

– Volontiers, fit Lucien avec un reste de bouderie qui se dissipa cependant presque aussitôt, lorsqu'il lui fallut tendre la main à sa compagne, et qu'il crut sentir une tendre pression de sa main sur la sienne.

L'après-midi s'écoula à se promener sous les arbres, à faire de ces jeux de société qui, pour amuser les gens, exigent qu'ils soient amoureux ou qu'ils aient forte inclination à le devenir. Il est vrai qu'il y a là dedans une foule de prétextes à de furtifs serrements de doigts, à de petites libertés voilées, qui sont la menue monnaie des amours naïves et qui, ma foi, comme émotions délicatement savoureuses, valent souvent mieux que les autres.

Sur le soir, comme les domestiques attelaient les chevaux, la société regagna le moulin près duquel étaient restées les voitures. Dans une partie vaste du moulin, se trouvait un traîneau. Julia et Caroline étant entrées par curiosité, avisèrent le véhicule et s'y assirent en se jouant. Aussitôt Lucien et Paul s'attelèrent aux timons et se mirent à traîner les deux jeunes filles qui faisaient retentir de leurs frais éclats de rire le moulin dont on venait d'arrêter le mécanisme.

Cet enfantillage eut un grand succès, et toutes les jeunes filles voulurent se faire aussi promener par leurs galants respectifs. D'instinct, les femmes aiment à asservir leurs adorateurs, et ceux-ci tendent tout d'abord le cou au joug avec autant d'empressement qu'ils mettront souvent plus tard de persistance à s'en débarrasser.

Leurs frais chapeaux de paille enguirlandés de feuillage, la ceinture ornée d'un gentil bouquet de fleurs des prés cueillies par leurs amoureux, les fillettes s'élancèrent avec la légèreté de jeunes chattes dans les charrettes qui devaient les ramener. Les jeunes gens, une fleurette passée dans la boutonnière par une main adorée, se placèrent chacun à côté de son idole, et toute cette heureuse adolescence reprit gaiement le chemin du village.

Le soleil disparaissait derrière les arbres dont le faîte semblait saupoudré d'or fin. Comme on s'éloignait, tout là-bas, en arrière, le pinson des bois lançait en signe d'adieu, sous le feuillage immobile, ses deux notes plaintives au soleil couchant.

Le lendemain, vers les onze heures du matin, Lucien et Paul, escortant mesdemoiselles de Richmond, Beauvais et Morel, traversaient la grande place de l'église en face de laquelle ils s'arrêtèrent. Les jeunes gens se détachèrent du groupe et se dirigèrent vers le presbytère pour aller demander la clef de la porte du clocher où ils avaient décidé de grimper en compagnie de ces demoiselles.

Avec la mode d'alors qui voulait que le pantalon, étroit comme un fourreau de parapluie, collât sur la jambe, le chapeau gaillardement penché sur l'oreille, Lucien et Paul avaient l'air de deux jeunes coqs campés sur leurs ergots et qui commencent à reluquer les poulettes.

Les jeunes filles s'agenouillèrent dans l'église, ainsi que les deux jeunes gens qui demandèrent fervemment à Dieu de vouloir bien leur réserver pour compagnes de leur vie les jolies dévotes agenouillées à côté d'eux.

Quelques minutes plus tard, ils gravissaient tous ensemble les deux longs escaliers qui conduisent au comble de l'église. Lucien introduisit la clef dans la serrure d'une petite porte qui donne accès sous le toit, et tous se trouvèrent au milieu d'une forêt de poutres s'enchevêtrant avec mystère dans une demi-obscurité que traversait une traînée de jour pâle tombant d'un petit œil de bœuf ouvert discrètement dans le mur de façade.

Les jeunes filles hésitèrent tout d'abord et ne purent s'empêcher de frissonner en mettant le pied sur l'échelle raide et grossière au moyen de laquelle il faut monter dans la pénombre pour arriver au clocher. Enfin, elles se décidèrent à s'y aventurer après avoir toutefois enjoint à ces messieurs de passer les premiers, afin qu'elles ne montrassent pas plus qu'il ne fallait de leurs jambes entre les échelons.

Lucien parvint le premier à la trappe qu'il faut soulever avec les mains et la tête pour pénétrer dans le clocher, et que l'on tient fermée pour empêcher la pluie de pénétrer à l'intérieur. Il la leva, la poussa de côté et se hissa dans la tour. Quand Paul eut aussi émergé, apparut la figure pâlie de Mlle de Richemond.

Lucien tendit ses deux mains à la jeune fille et l'attira près de lui. Mlles Beauvais et Morel rejoignirent leur compagne l'instant d'après, et tous, marchant avec précaution sur la dalle de plomb inclinée s'approchèrent d'une des quatre ouvertures qui regardaient les points cardinaux, et s'appuyèrent sur la balustrade.

Tour à tour pittoresque et grandiose est l'aspect que les yeux embrassent de ce point élevé. À cent pieds en bas, autour de l'église, comme des poussins auprès de leur mère, les maisons du bourg se groupent avec leur construction variée, leurs murs de diverses couleurs, brun foncé, gris clair et blanc de chaux, ainsi que leurs toits noirs, rouges ou grisâtres.

De ci et de là, des peupliers de Lombardie se dressent hardiment, pareils à des clochetons gothiques sculptés à jour.

À l'ouest, fuyant le bourg avec le chemin qui monte en pente douce dans la direction de la ville, une double ligne de maisons s'étend sur un parcours d'une demi-lieue, formant la haie et semblant monter la garde de chaque côté de la route, jusqu'à la Pointe-à-la-Caille qui s'enlève vivement à l'horizon sur le fond brillant du fleuve, avec ses arêtes de sapins et d'épinettes d'un vert sombre.

Sur la gauche, se déploie une partie détachée de Saint-Omer et séparée du bourg par la rivière du Sud sur laquelle est jeté le pont qui sert de trait d'union entre ces deux divisions du village. En arrière, une mer de champs qui verdoient jusqu'où la vue peut porter, entrecoupés, çà et là, par des îlots de rochers couverts d'une verdure plus foncée.

Au milieu des prés, comme un ruban de satin bleu moiré, serpente la rivière bordée d'une cordelette onduleuse de blanches maisonnettes. Au loin, le clocher de l'église de la paroisse voisine paraît piqué comme une épingle d'argent dans la soie bleue pâle du ciel, tandis que la chaîne sombre des Alleghanys ferme l'horizon.

Vers l'est, la troisième partie du village – séparée des deux autres par la rivière du Bras, qui brille au loin dans la flambée de soleil au milieu des champs, et déverse ses eaux couleur d'acier bruni dans la rivière du Sud, à côté du grand pont – se déroule avec ses constructions un peu plus espacées et entrecoupées de vergers, de jardins et de prés.

Le cours réuni des deux rivières, sur les bords duquel des peupliers et des aulnes se regardent coquettement dans le clair miroir des eaux, borne cette partie du village, tandis que, tout au fond, en arrière de coteaux qui se haussent comme pour mieux contempler la riante vallée, la vue est arrêtée par le flanc à moitié inculte et sauvage des Alleghanys.

Enfin, quand on regarde le nord-est, on a, vers la droite, vue plongeante sur la quatrième partie du village avec ses maisons bourgeoises à demi perdues dans des massifs d'arbres et dégringolant jusqu'au bassin que la rivière du Sud et le fleuve ont creusé de concert dans la côte. Quatre ou cinq bateaux, oiseaux de mer au repos, dorment, leurs ailes repliées, dans ce petit port peu fréquenté à cause de son accès difficile. Sur la droite, une longue file de maisons blanches court et se perd au loin dans la ligne horizontale qui marie les tons éclatants du ciel avec les eaux grisâtres du fleuve.

En remontant, le regard parcourt la vaste portée du Saint-Laurent, large ici de cinq grandes lieues et coupé par un archipel d'îles tantôt verdoyantes, tantôt dressant hors des eaux profondes le dos rugueux de leurs rochers dénudés.

Grands vapeurs d'outre-mer, vaisseaux à voiles, de tout genre, chargés de tous les produits du monde, se croisent sans cesse sur cet immense canal de l'Amérique du Nord creusé par le doigt de l'architecte de l'univers.

Au dernier plan, digue inébranlable à cette artère du globe, les Laurentides se dressent dans leur imposante majesté, et, le front perdu dans les nuages, regardent, impassibles, l'énorme masse d'eau de nos mers intérieures rouler toujours vers l'océan, et voient sans sourciller les habitants des deux rives, une génération poussant l'autre, s'engouffrer avec les âges dans l'éternité.

Après avoir contemplé la grandeur du paysage qui les entourait, Lucien, Paul et leurs compagnes se mirent à déchiffrer les mille et un noms que les visiteurs avaient gravés sur le fer-blanc qui couvrait l'encadrement des ouvertures du clocher. Comme presque tous les noms de genre différent étaient réunis deux à deux, l'on comprend que c'étaient tout autant de couples amoureux qui avaient passé par là.

Grand nombre, hélas ! de ceux qui avaient ainsi laissé ce souvenir de leur ardente jeunesse inscrit dans le clocher, dorment aujourd'hui leur froid sommeil au pied de l'église, dans le cimetière du village. Deux noms inscrits, avec une épingle sur un peu d'étain, une vague réminiscence dans la mémoire de leurs proches, une tombe muette, souvent abandonnée, voilà tout ce qui restait de ces amants, pleins d'espérance et de vie, qui échangeaient, il y a cinquante ans, des serments d'amour éternel au-dessus de cette silencieuse cité des morts où ils ont disparu avec leurs illusions même avant eux tombés en poussière.

Trop jeune pour ruminer d'aussi lugubres pensées, Lucien imita ceux qui l'avaient précédé en traçant sur la balustrade le nom de Caroline de Richemond avec le sien au-dessous, et les inséra dans un parallélogramme orné d'enjolivures. Caroline le laissa faire ; même, comme le vent soufflait avec force à cet endroit élevé, ce qui, joint à l'attention qu'il apportait à son travail, lui fatiguait la vue, Mlle de Richemond abrita de sa petite main les yeux de Lucien pour les lui garantir de l'air trop vif. Personne ne supposera un instant que notre amoureux se hâta d'en finir ; je le soupçonne, au contraire, d'avoir un peu prolongé le travail de l'inscription ; et je vais jusqu'à croire qu'il eût consenti volontiers à couvrir de son écriture toutes les parois du clocher, s'il eût pu continuer de sentir sur son front le doux contact de cette si mignonne main.

Paul entrelaçait en même temps ses initiales avec celles de la rieuse Julia Beauvais. Ces quatre nouveaux noms inscrits à côté de ceux qu'une semblable pensée avait ainsi réunis sur ce registre ouvert en plein ciel, sous l'œil impassible du temps, on jeta un dernier regard sur le village, sur la campagne environnante et l'on éprouva le besoin de descendre reprendre pied avec les passants qui glissaient, amoindris, sur la place, opération qui, pour les jeunes filles, ne laissait pas que d'offrir plus de difficultés que l'ascension.

Il s'agissait, en s'enfonçant dans la trappe, de poser le pied sur le premier échelon, évolution assez difficile à opérer. Naturellement, Lucien et Paul furent immédiatement priés de laisser d'abord descendre ces demoiselles, lorsqu'ils s'offrirent à passer les premiers pour les recevoir sur le haut de l'échelle ; et je crois, vraiment, que c'était précaution fort sage, les larges crinolines qu'elles portaient alors ne permettant guère aux dames d'assumer une position aussi élevée aux yeux de leurs admirateurs.

Après bien des hésitations et maints cris de frayeur, avec l'aide des deux jeunes gens, qui, prévenances pour eux fort agréables, les retenaient d'en haut par les bras et les mains – doux larcins d'amour – les jeunes filles purent prendre pied sur l'échelle et descendre sans encombre.

Cette matinée fut la dernière que Paul Morel passa avec Julia Beauvais qui, durant l'après-midi, prit le train de la Rivière-du-Loup, paroisse qui était alors le terminus du chemin de fer du Grand Tronc.

Caroline de Richemond ne devait partir que le lendemain pour retourner à la ville.

Tout gonflé de sanglots était le cœur de Paul, comme il voyait fuir le train qui lui ravissait l'être si tendrement aimé. Aussi, deux heures plus tard, comme sa sœur Juliette, Lucien et Mlle de Richemond causaient ensemble sur la terrasse de l'habitation de M. Morel, Paul, qui se tenait un peu à l'écart, fut surpris à pleurer par Caroline.

– Regardez donc monsieur Paul qui pleure, dit-elle à Lucien, avec ce singulier sourire qui lui était particulier quand elle se raillait de quelqu'un.

Lucien ne répondit pas et songea que ce serait à son tour d'être seul et malheureux le lendemain. En attendant, il laissait ses regards se rouler et prendre des bains de félicité dans les yeux bleus de sa nouvelle amie.

Il vint d'autant plus vite ce lendemain, qu'il était plus redouté et que les heures qui le précédèrent s'écoulèrent comme un beau songe.

Lucien escorta Mlle de Richemond jusqu'à la gare, lui serra tendrement le bout des doigts, lui jeta, de ses grands yeux noirs, un dernier regard d'une ardeur à incendier le village, suivit de l'œil le train jusqu'à ce qu'il eut disparu dans l'ondulation des coteaux jaunissants, et s'en revint lentement avec Paul, tous deux ayant le cœur gros de larmes à grand-peine contenues.

Ni l'un ni l'autre n'avait osé faire ouvertement la déclaration de sa flamme à celle qui en était l'objet. Mais leurs attentions constantes, leurs attentives prévenances, une foule d'allusions assez peu dissimulées, les avaient dû trahir.

Quant à ces demoiselles, elles avaient déjà, avec leurs dix-huit ans, trop de connaissance de la vie pour se compromettre un tantet, avec d'aussi jeunes gens. Et, lorsque les deux cousins voulurent s'énumérer les aveux qu'elles avaient pu leur faire d'une affection partagée, ils se trouvèrent en possession d'un bien mince bagage de preuves de l'amour de celles qui, de prime abord, leur avaient mis le cœur en émoi.

Maintenant, Caroline et Julia, personnes d'âge à être recherchées en mariage, eurent-elles un instant de caprice pour les deux jeunes gens, ou ne voulurent-elles plutôt que s'amuser en passant de leurs attentions, c'est ce que ni l'un ni l'autre ne put jamais établir.

Jusqu'à la fin des vacances, Lucien et Paul, avec leur imagination exaltée n'en rêvèrent pas moins de leur amour. À l'heure fraîche du matin, ils montaient à cheval et se dirigeaient invariablement du côté de la rivière des Perdrix. L'air était vivifiant, le ciel, radieux, et le soleil n'avait pas encore ramassé les perles de rosée, ces joyaux de la nuit, oubliés par elle sur sa couche de gazon. Les oiseaux, secouant leurs ailes humides, chantaient à plein gosier en faisant leurs ablutions matinales dans les feuillages mouillés. À travers champs, les troupeaux regagnaient leurs pâturages, escortés de jeunes gars qui égrenaient quelque joyeuse chanson dans la brise du matin, tandis que, pressant l'allure de leurs chevaux, les deux amis les lançaient à fond de train sur la route déserte, en aspirant à plein poumon cet air sain qui précède la chaleur du jour.

Ô la bonne chose que d'avoir dix-huit ans avec un jeune amour qui chante éperdument dans votre âme, et d'être emporté dans une course rapide par un cheval ardent dont vous sentez haleter les flancs contre vos muscles solides. Cette double vie que vous communique le fier animal qui vous enlève avec lui vous donne le vertige de la vélocité.

Plus vite ! plus vite encore ! vous dites-vous, sans jamais atteindre la rapidité que vous désirez. Hé ! n'en est-il pas ainsi de toutes nos aspirations ? À l'heure de jeunesse, nos dix-huit ans nous pèsent aux pieds comme des souliers de plomb ; nous voudrions les jeter sur le chemin pour arriver plus vite à la vingt-cinquième année ; nous allons avec ardeur, arrachant à pleines mains les fruits qui pendent au bord de la route.

Arrivés à cette première étape ardemment désirée, notre main rencontre la pomme provocatrice de l'arbre de l'ambition. À peine en avons-nous goûté que, saisis d'une aspiration nouvelle, nous souhaitons vieillir encore et poursuivons notre course avec une impatience toujours croissante. Tant qu'un jour, fatigués de courir sans avoir atteint l'objet toujours fuyant de nos suprêmes convoitises, nous voulons nous arrêter un peu, pour savourer au moins à loisir les quelques fruits qui nous restent de ceux cueillis en courant.

Mais une force irrésistible d'impulsion nous emporte, nous traîne et finit par nous jeter pantelants sur le bord de la route, d'où nous entrevoyons, à travers les brumes de la mort, tournoyer au loin sur le chemin parcouru, et confondues dans un même tourbillon, les aspirations presque toutes déçues d'une trop courte vie.

Si nos amoureux ne roulaient pas encore des pensées aussi sombres, ils n'en étaient pas moins mélancoliques en arrivant auprès du moulin où ils étaient venus avec ces deux jeunes filles qui, un mois auparavant, n'étaient rien pour eux, et dont le seul souvenir faisait maintenant circuler plus chaud le sang de leurs artères.

À cette heure, le moulin ne bourdonnait pas encore, et, aux approches, l'on n'y entendait que le murmure de l'eau qui, s'échappant de la vanne, bondissait et retombait avec un chant sonore sur les cailloux qui s'arrondissaient au pied de l'écluse.

Lucien et Paul arrêtaient leurs chevaux, leur laissaient pendre la bride sur le cou pour qu'ils pussent cueillir quelques bouchées d'herbe fraîche, et songeaient aux derniers jours envolés.

C'était bien là qu'ils s'étaient tous rendus ; là, au bord de la rivière, sous ce bouleau dont l'écorce argentée se détachait du fond vert émeraude de la pelouse, qu'ils avaient erré, causé deux à deux. C'était bien la même herbe que les petits pieds de leurs déesses avaient foulé, les mêmes parfums forestiers d'essence surtout résineuse qu'ils avaient tous ensemble respirés. N'était-ce pas aussi le pinson solitaire qu'ils avaient entendu le jour de la fête champêtre et qui, ce matin-là, sifflait encore dans la profondeur du bois ses deux notes mélancoliques ?...

Quand ils s'étaient bien rassasiés de ces douces souvenances, ils tournaient bride et s'en revenaient, se détaillant l'un à l'autre les charmes, selon eux plus qu'ordinaires, qui ornaient Caroline et Julia.

Ô charme de nos amours printanières, qu'est-ce qui peut donc vous remplacer ! Qui d'entre nous, arrivé à l'âge mûr, ne se prend à dire, en soupirant, avec le doux Brizeux ?

« Bien des jours ont passé depuis cette journée,
Hélas ! et bien des ans ! Dans ma seizième année
À peine entrai-je alors ; mais les jours et les ans
Ont passé sans ternir ces souvenirs d'enfants.
Et d'autres jours viendront et des amours nouvelles,
Et mes jeunes amours, mes amours les plus belles,
Dans l'ombre de mon cœur mes plus fraîches amours,
Mes amours de seize ans refleuriront toujours. »

Pendant la grande chaleur du jour, alors que dans les rues du village soufflait une haleine de fournaise, les deux cousins se réfugiaient dans le salon de Mme Morel où la sœur de Paul, la blonde Juliette – aussi prise du doux mal d'aimer – laissait rêver ses doigts sur le clavier du piano.

Dans cette pièce, tenue fraîche par un jour discret, tandis que la jeune fille jouait ses airs favoris : « Les contemplations », par Ascher, les variations de Thalberg sur la « Last Rose » et le « Home Sweet Home », ou bien encore « La Harpe Éolienne » et la « Danse des Fées » de Jael, – ce genre de musique était alors à la mode – Lucien et Paul, à demi couchés chacun dans un fauteuil, le regard tendu vers le fleuve dont un coin, bleu pers, leur apparaissait à travers le feuillage verdoyant des arbres du jardin, se repaissaient de souvenirs et d'espérances.

Ni l'un ni l'autre n'avait conscience de son bonheur présent, et à chacun d'eux ses dix-huit ans pesait comme une armure de fer. Avec maints soupirs ils songeaient aux deux ou trois années de collège qu'il leur restait à faire, ainsi qu'aux quatre ans de cléricature qui les séparaient encore du temps où ils pourraient, sans prêter à rire, faire une cour sérieuse aux jeunes filles de leur choix. Enfin, comme à nous tous, quand nous avions leur âge, la vie leur semblait trop lente et les vingt-cinq ans, qu'ils étaient encore loin d'avoir, les faisaient soupirer, tout comme leur frais souvenir nous fait pleurer, nous, qui ne les avons plus depuis trop longtemps, hélas !

C'est ainsi que pendant ces vacances, le cœur de Lucien s'épanouit de plus en plus aux feux d'une nouvelle et plus sérieuse passion que ne l'avait été la révélation de l'amour que sa cousine Alphonsine lui avait inspirée.

Avec les longues rêveries inhérentes aux jeunes imaginations éveillées par cette charmante époque de transition que l'on nomme adolescence, le talent poétique de Lucien ne pouvait manquer de se développer. La Muse taquine le poursuivant de ses obsessions, il se prit à rimer avec tant d'ardeur que l'année qui suivit, et pendant laquelle il fit sa seconde, vit paraître quelques-unes de ses productions dans le petit journal qui se publiait au collège de S***, ce qui lui valut dès lors le titre prématuré de poète que ses condisciples se plurent à lui décerner.

Il nous faut glisser rapidement sur cette année de l'existence de Lucien, laquelle, à part ces petits succès d'amour-propre, s'écoula avec sa monotonie collégiale ordinaire.

Pendant les vacances qui suivirent, un grand malheur le frappa. Sa mère mourut. D'une santé depuis longtemps chancelante, Mme Rambaud s'éteignit doucement, entourée de ceux qu'elle aimait, amèrement pleurée des siens et regrettée de tous les pauvres du village qui avaient connu son grand cœur.

C'était le premier lambeau arraché aux facultés affectives de Lucien, la première partie de lui-même qu'il sentait s'en aller, le premier et douloureux avertissement qu'il recevait sur l'éphémère durée de sa nature mortelle.

Si le coup fut violent pour Lucien, il ne fut pas moins sensible à M. Rambaud, et tous deux, cherchant l'un dans l'autre une consolation à leur douleur, sentirent le besoin de resserrer davantage les liens qui les unissaient. C'est alors que le père devint un ami, un camarade pour le fils qui, de son côté, se livra avec plus d'abandon à celui que, jusqu'alors, il avait encore plus respecté qu'aimé.

Rien de plus charmant, de plus délicat que ce libre échange de confidences et d'amitié absolues entre un père et son fils qui est à la veille d'atteindre l'âge d'homme. Celui-ci sent instinctivement qu'il ne saurait avoir de meilleur initiateur aux mystères de la vie que cet homme qui lui a donné l'être, et dont il comprend qu'il commence à faire la joie et l'orgueil.

D'un autre côté, quel charme pour le père, qui se voit revivre dans un autre lui-même, d'éclairer cette jeune et curieuse intelligence sur des questions que son âge peu avancé ne permettait pas avant ce temps de lui expliquer, et de les lui développer maintenant en toute franchise, pour le mieux mettre en garde contre les emportements de la jeunesse !

Profondément attristé par la perte de sa mère et plus qu'ennuyé de la vie de collège, Lucien aurait bien voulu n'y pas retourner. Mais M. Rambaud lui fit comprendre l'importance de faire son année de rhétorique, afin de compléter ses humanités, après lesquelles il le laisserait libre de sortir dans le monde et de se livrer à l'étude de la profession qui lui sourirait davantage.

Lucien consentit donc à s'emprisonner encore un an pendant lequel il travailla plus consciencieusement qu'il n'avait jamais fait, pour passer son baccalauréat avec honneur.

Ce n'est pourtant pas qu'il ne fît en cachette un doigt de cour à la Muse et que la blonde Caroline – qu'il n'avait pas revue depuis bientôt deux ans, mais au souvenir de laquelle il était toujours fidèle – ne fût pas la cause inconsciente d'une multitude d'alexandrins et de nombreux vers d'une plus modeste allure.

Enfin, les dix mois de sa dernière année scolaire prirent fin comme les autres, Lucien fut bachelier et remporta le premier prix de composition française. Ah ! mais, ce fut bien le seul et son dernier thème grec, où le professeur avait relevé cinq solécismes, prouvait que, s'il avait autant négligé la belle langue de Démosthène, Lucien avait dû apporter plus d'application et de goût aux matières de ses dernières classes, pour réussir à doubler le cap des tempêtes du baccalauréat.

Après la distribution des prix, il revit M. Rambaud qui, tout heureux des succès de son fils, l'attendait au parloir.

– Père, lui dit Lucien, c'est entendu, n'est ce pas, que j'emporte tous mes effets et que je ne reviens plus ici ?

– Tu en avais ma parole, lui répondit M. Rambaud, en lui tendant la main.

– Bon ! attends-moi ! fit Lucien avec un cri de joie. Il partit comme un trait, grimpa en quatre bonds l'escalier du dortoir, déroula en deux mouvements sa ceinture de laine verte, arracha, plutôt qu'il n'enleva, de ses épaules le *capot* aux nervures blanches abhorrées, jeta le tout avec sa casquette dans sa valise, après en voir sorti toutefois un veston et un chapeau qui y reposaient depuis l'année précédente.

Et puis, il revêtit ce costume qui sentait plus son monde, ferma sa malle qu'il descendit au parloir, avec l'aide d'un camarade, dit adieu en passant aux condisciples et aux professeurs qu'il rencontra, signifia à certain pion le plaisir extrême qu'il allait ressentir de ne plus se trouver en contact avec lui, et rejoignit son père qui l'attendait pour prendre le train de Saint-Omer.

Le lendemain matin, Lucien jetait brusquement, avec des exclamations de joie, dans une armoire où étaient enfermés ses livres de classe, l'un après l'autre avec la même satisfaction : le *Gradus ad Parnassum*, les lourds dictionnaires latins et grecs, tous les bouquins en un mot qui l'avaient tant ennuyé ; et refermant à clef la porte du placard sur tous ces doctes ouvrages dont il jurait de ne plus jamais troubler le repos, il s'élança hors de la maison paternelle.

Il faisait une superbe matinée de juillet, toute de soleil et d'azur.

Devant la porte piaffait *Coquette,* sa jument favorite qu'un serviteur tenait par la bride. Lucien donna quelques caresses à la fine bête qui hennit de plaisir en reconnaissant son jeune maître ; puis, il sauta en selle, et, le cœur gai, aspirant à pleins poumons l'air pur des champs et de la liberté, il lança sa monture à fond de train dans la campagne qui resplendissait des feux du soleil matinal.

Ainsi, dans le monde, qu'il entrevoyait à travers le mirage, tout rayonnant des plus séduisantes promesses, Lucien entrait à bride abattue.

Deuxième partie
Dans le monde

I

La mansarde du palais

Dans les premiers jours de septembre qui suivirent sa sortie du collège, Lucien Rambaud se présentait devant les examinateurs du barreau de Québec pour être admis à l'étude du droit. Comme il venait de passer son baccalauréat, et qu'il avait encore la mémoire chargée du bagage de ses humanités, il fut admis d'emblée.

Mais, pendant qu'il attendait son tour dans un corridor du vieux Palais de justice, un camarade le présenta à un étudiant en droit qui allait réclamer des examinateurs l'autorisation d'exercer la profession qui permet de chercher légalement querelle à ses concitoyens. C'était un grand beau garçon de vingt-deux ans, blond, le teint rosé, l'œil bleu clair et vif, le front large, l'air intelligent et bon enfant.

Il marchait déjà tête haute, car la réputation commençait à s'attacher à sa personne. Un volume de vers, qu'il avait publié quelques mois auparavant et qui annonçait les plus heureuses dispositions, avait attiré l'attention sur le jeune poète, dont le nom était maintenant sur les lèvres de tous ceux qui s'occupaient alors de littérature dans le pays. C'était Émile Franchères.

Lucien, qui savait par cœur nombre de vers du poète, ne fut pas trop surpris de le voir absorbé dans la lecture, pourtant peu passionnante du code civil canadien, tout récemment publié ; car, il se doutait bien que Franchères avait dû négliger la société de MM. Pothier, Cujas, Dalloz et autres doctes, mais peu récréatifs auteurs, pour faire assidûment sa cour à la muse charmeresse.

Entre deux articles sur les successions *ab intestat*, qu'il brûlait du regard, le poète accueillit chaleureusement Lucien, dont la petite renommée collégiale de rimeur lui était parvenue par un jeune frère de Franchères, compagnon d'études de Lucien Rambaud.

– Faites-moi donc le plaisir de venir passer la soirée à ma maison de pension, 24, rue du Palais, dit Franchères à Lucien. Je perche au troisième, à côté de la gouttière. Vous rencontrerez là de bons et joyeux garçons. Si nous sommes heureux dans nos examens, nous aurons raison de célébrer dignement ce beau jour ; sinon, nous tâcherons de nous consoler d'un échec qui pourra facilement se réparer bientôt. D'ailleurs, il y aura ce soir, à la « Mansarde du Palais » – c'est ainsi que nous avons baptisé notre campement de bohémiens des lettres et de la basoche – il y aura réjouissances archi-solennelles à l'occasion du prodigieux succès que mon frère ès-poésie, Arthur Graind'orge, vient de remporter. C'est renversant, mais trop long à vous raconter pour le quart d'heure, fit-il en rouvrant son code. – Marignan, ajouta-t-il, en s'adressant à un étudiant qui l'écoutait, je te présente et te recommande M. Lucien Rambaud, futur poète, qui aspire aussi à devenir, comme nous, avocat avec ou sans causes, et qui nous fera le plaisir d'être ce soir des nôtres. Expose-lui donc un peu le motif de notre réunion.

Et Franchères se replongea furieusement dans son étude tardive, mais énergique, des successions embarrassées.

Voici ce que Marignan, qui, lui, menait de front le journalisme et la fréquentation discrète du Palais, apprit à Lucien Rambaud :

Arthur Graind'orge, apprenti légiste, venait de faire paraître un poème satirico-badin dans lequel il exaltait les qualités stomachiques de la bière fabriquée par un brasseur alors bien connu à Québec. Flatté de voir son nom figurer en rimes sonores dans une œuvre de poésie imprimée, le brasseur, homme d'esprit, avait envoyé ce jour-là même à la Mansarde du Palais, que Graind'orge habitait avec Franchères, Marignan et deux ou trois autres de leurs amis, douze paniers de bière pour remercier l'auteur de cette flatteuse réclame. À la vue des cent quarante-quatre bouteilles alignées casque en tête, comme un régiment à la parade, dans la Mansarde du Palais – qui n'avait jamais contemplé à la fois pareille abondance de breuvage – Graind'orge, un peu porté à l'économie, s'était écrié devant ses amis, plongés dans une admiration extatique :

– Mes enfants ! à raison d'une bouteille par jour, j'en aurai pour plus de quatre mois !

– Ah ! bien, compte un peu là-dessus ! se dirent *in petto*

Franchères et Marignan, trop vite tirés de leur extase. Un événement aussi superlativement mirobolant ne saurait rester ignoré ni des amis, en particulier, ni du public en général !

Voilà pourquoi, depuis le matin, les deux compères invitaient le ban et l'arrière-ban de la bohème lettrée de Québec à venir, ce soir-là, s'abreuver largement aux dépens de l'heureux Graind'orge, qui était certes loin de s'attendre à l'onéreux triomphe que ses bons amis étaient en train de lui organiser.

Les examens terminés, Franchères, qui avait été reçu avocat avec distinction – les examens n'étant pas bien sévères en cet heureux temps ! – emmena examinateurs et examinés à l'hôtel voisin, où il paya une tournée à tout le monde. Suivirent deux ou trois autres libations après lesquelles Lucien qui, faute d'habitude, commençait à se sentir tout drôle, s'empressa de prendre congé de la compagnie devenue de plus en plus bruyante.

– N'oublie pas... ce soir ! lui cria Franchères.

– Certes, j'en aurai bien garde ! répondit Lucien, tout heureux de se voir admis dans le cénacle dont Franchères était le prophète écouté.

Vers les sept heures et demie, Lucien Rambaud, tout fier de son succès de l'après-midi, arpentait gaiement la rue Saint-Jean, *intra muros*, en route pour la gloire facile de son début dans le monde des lettrés en herbe de ce temps-là.

En septembre, la nuit vient déjà vite. Parmi les passants qui se hâtaient vers leur logis, Lucien coudoya dans l'ombre deux élèves de sa connaissance qui trottinaient silencieux vers le Petit Séminaire. C'était le jour de la rentrée. D'un air vainqueur, il leur apprit son admission à l'étude du droit, et les vit avec joie, l'égoïste, s'éloigner après lui avoir lancé un long regard d'envie.

Ressassant avec bonheur l'embêtement que devaient éprouver, à cette heure, tous ses anciens compagnons de captivité au collège de S***, Lucien aspira bruyamment deux ou trois bouffées de ce bon air de liberté après lequel il soupirait depuis si longtemps, et précipita sa marche comme un jeune chien qui a rompu sa laisse.

Quelques pas rapides l'amenèrent en face du numéro 24 de la rue du Palais. Il sonna. Une bonne vieille vint ouvrir.

– M. Émile Franchères, s'il vous plaît, Madame, demanda-t-il timidement.

– Il est au troisième, et pas seul, je vous assure ! répondit la vieille, qui ajouta, avec un soupir attendrissant :

– Encore une belle nuit qu'ils vont me faire passer !...

Lucien, décontenancé, fila tout d'un trait, et enjamba les escaliers avec ces vaillantes jambes de vingt ans qui ne demandent qu'à grimper toujours. Rendu sur le dernier palier, une clameur de voix mâles lui signifia qu'il était arrivé au terme de son ascension. Il frappa un coup, et puis deux, à la porte d'où venait le bruit.

– Entrez ! vociféra-t-on à l'intérieur.

– Tiens, Rambaud ! cria Franchères, qui, la pipe aux dents, se préparait à faire sauter un bouchon. Arrivez un peu, mon cher, que je vous présente au héros de la soirée. – Mon ami Graind'orge, j'ai le plaisir de te faire connaître M. Lucien Rambaud, admis aujourd'hui à l'étude du droit, et qui a déjà fait avec succès au collège – le sournois ! – son petit doigt de cour à la Muse. Graind'orge est particulièrement heureux, M. Rambaud (Graind'orge salua froidement), du plaisir que vous lui faites de venir l'aider à déguster, en notre aimable compagnie, le liquide généreux qu'il doit à la magnanimité du plus grand brasseur des siècles passés, présents et futurs !

– Pas de phrases, Émile ! cria Marignan. Verse-nous plutôt à boire !

– C'est plutôt ta poire... pour la soif, qui nous embête ! riposta Franchères ; tiens, avale et dévale, de mon lit dont tu ravales sans intervalles, avec tes pieds de cavale, la chasteté célibataire.

– Oh ! ah ! fi !... à la porte, s'exclamèrent dix voix. Dehors, misérable !

– Jamais ! tant que ma bouche pourra s'ouvrir, et ma langue la servir, s'écria Franchères avec un geste théâtral. Il reste encore cent vingt-sept bouteilles à vider. À la vôtre, mes petits biberons !

Lucien, tout étourdi, se laissait présenter à droite et à gauche, quand la porte s'ouvrit avec fracas, pour livrer passage à trois nouveaux venus. En jetant un coup d'œil sur Graind'orge, Lucien remarqua une contraction des muscles faciaux de ce dernier, qui devait évidemment calculer l'effroyable trouée que ces soiffeurs allaient pratiquer dans son cellier.

La pièce de vingt pieds en carré – c'était la chambre de Franchères et la plus spacieuse de la maison – contenait en ce moment dix-huit gaillards délurés en diable, tous buvant, fumant, parlant, criant et gesticulants à la fois.

À travers l'épaisse fumée des pipes, on les voyait se démener comme des possédés, tandis que, par la lucarne ouverte pour rendre l'air de la chambre respirable, s'échappait un effroyable concert de vociférations capable de tenir les voisins éveillés à cinq arpents à la ronde.

Et pourtant, il y avait là l'élite de la société actuelle : des futurs juges, un évêque, des députés, des avocats, des médecins, des hommes de lettres et des fonctionnaires, tous alors en herbe, mais aujourd'hui gravement installés dans la considération respectueuse de leurs contemporains.

La porte s'ouvrit de nouveau, et cinq à six autres visiteurs s'engouffrant à leur tour dans ce pandémonium, bousculèrent un peu les premiers arrivés pour aller bruyamment saluer et féliciter Graind'orge de son étonnant succès, et le remercier de les avoir invités à s'en réjouir avec lui.

– Animal ! dit Graind'orge à Franchères, tu me paieras cela plus tard !

– Messieurs ! Messieurs ! s'écria Franchères, sans paraître entendre son ami, et tapant à tour de bras sur la table avec une bouteille vide pour obtenir un peu de silence, quoique nous ne soyons pas encore au complet, l'heure est venue de boire à la santé de notre hôte, Arthur Graind'orge, qui nous a tous conviés d'une façon si généreuse à partager le fruit, légitime mais surprenamment acquis de ses labeurs littéraires.

– Joli, le surprenamment !

– Bravo ! hurla-t-on de partout.

– Ça manque de bière, insinua Franchères à Graind'orge, qui se leva, la bouche en cœur, mais la rage au ventre.

– Nous allons t'aider à monter les bouteilles de la cave, lui dit traîtreusement Marignan. Allons ! trois hommes de bonne volonté !

Dix se levèrent et sortirent pour revenir l'instant d'après avec des brassées de bouteilles.

Celles-ci se dégorgèrent, et les verres se remplirent avec un vertigineux ensemble, et, dans l'enthousiasme général, se vidèrent trois fois coup sur coup.

– Pour la première fois qu'un livre canadien rapporte quelque chose à son auteur, déclamait Franchères, nous devons, mes amis, le faire connaître à la postérité la plus reculée. Car, ne vous semble-t-il pas, comme à moi, qu'une ère nouvelle et glorieuse s'ouvre pour nous, poètes, jusque aujourd'hui faméliques, mais dédaignés ?...

– Eh bien, mon cher, interrompit un gros courtaud vêtu de la jaquette rouge d'élève de l'École militaire, veux-tu crever de faim toute ta vie ? demande alors un peu des cuisses de poulet à madame la Muse... Non ! si tu veux manger au moins une fois par jour, tu feras mieux de piocher ton droit, mon vieux !

– Allons, Célestin Vachon, repartit Franchères, ne viens donc pas, en ce jour solennel, verser les tonneaux d'eau froide de ton positivisme sur la flamme de notre enthousiasme sacré !

– Eh ! mon cher, je me moque pas mal de toutes les poésies du monde, moi, quand j'ai faim et que je ne possède pas trente sous pour me payer à dîner, – ce qui m'est arrivé plus souvent qu'à mon tour. Aussi me suis-je promis que, après avoir passé mes deux examens à l'École militaire, et touché les cent piastres que ça rapporte, je m'en vais m'escrimer ferme avec le Code, tout en continuant de cultiver la prose vulgaire du journalisme, qui est le marchepied de la politique – laquelle, dans tout pays, et surtout dans le nôtre qui est jeune encore, mène sûrement à la richesse et aux honneurs.

– C'est précisément parce que le pays est jeune, riposta Franchères piqué au jeu, qu'il faut le façonner à respecter les travailleurs de la pensée, qu'elle soit exprimée en vers ou en prose. Voilà pourquoi je veux crier à nos poètes, à nos jeunes écrivains, qui se sentent quelque chose là : « Courage, frères ! et persévérons dans notre voie. Cherchons l'idée généreuse, et soignons bien la forme. Imposons, à force de travail, le goût des belles-lettres à nos compatriotes, pour forcer, nous aussi, l'avenir à nous ouvrir fraternellement les bras ! »

– « La victoire en chantant nous ouvre la barrière ! » entonna quelqu'un qui commençait à s'allumer, et que la discussion ennuyait.

– C'est ça, du chant ! cria-t-on. – Edmond, *l'Andalouse* ! *l'Andalouse* ! Sans se faire prier, Edmond Franchères, frère cadet du poète et chanteur attitré du Cénacle, entonna d'une voix de stentor :

Avez-vous vu dans Barcelone
Une Andalouse au sein bruni... ?
Pâle comme un beau soir d'automne !
C'est ma maîtresse, ma lionne !
La marquesa d'Amaëgui.

Cette poésie endiablée de Musset acheva de leur mettre à tous la cervelle en feu. Et le vacarme alla grandissant encore ; si bien, que l'arrivée de quatre ou cinq autres camarades ne fut guère autrement remarquée que pour embrasser l'occasion d'une libation nouvelle.

Graind'orge, échauffé comme les autres, trouvait maintenant qu'on ne buvait pas assez, et soufflait comme un cachalot, par suite des ascensions répétées qu'il avait à faire de la cave au grenier.

La maison tremblait du faîte jusqu'au sol, et la pauvre veuve Brindamour, qui tenait la pension, se tordait sur son lit solitaire d'où le sommeil s'était enfui à l'épouvante.

– Mon Dieu ! mon Dieu ! murmurait-elle, ça empire tous les soirs ! Ils vont, bien sûr, finir par tout démolir cette nuit !

Les infortunés voisins, aussi tenus en éveil, commençaient à ressentir des atteintes d'aliénation mentale, et, dans les cours les plus rapprochées, les chiens donnaient, par leurs furieux aboiements, des signes de rage subitement déclarée.

Cependant, après des efforts surhumains, Franchères était parvenu à ramener un calme relatif en proposant à l'assemblée d'entendre quelques-uns des vers, cause de cette mémorable solennité. Comme Graind'orge, du reste timide de sa nature, ne réussissait qu'à se faire entendre à demi dans cette tempête à moitié assoupie, quelqu'un cria :

– Monte sur la table !

– Monte ! monte ! vociférèrent en chœur les vingt-cinq bohèmes chauffés à blanc

Graind'orge dut s'exécuter, et récita quelques-uns des passages les plus saillants de son poème. Les trois vers suivants, restés célèbres, firent éclater un tonnerre d'applaudissements et de vociférations laudatives :

Buvons, buvons, amis, de ce bon Macalomme,
Venant directement du brasseur qu'il dénomme :
C'est ça qui vous retape et vous refait un homme...

Mais son débit monotone et sa poésie fine et acérée souvent, mais manquant de couleur et par trop paisible à la longue, finit par ne pas tenir les imaginations en bride. Aussi, le héros du jour – gloire éphémère ! – se vit-il obligé de descendre des hauteurs triomphales où il avait pour un instant plané.

– Franchères ! Franchères ! hurla la foule délirante.

Franchères était à la fois le barde et l'acteur du Cénacle. De sa voix de basse taille, seule capable de dominer le tumulte, il redit ses vers les plus colorés. Mais bientôt, sa verve personnelle ne sut plus suffire à l'exigence générale, et l'on réclama avec des cris forcenés les sublimes envolées de Victor Hugo, les prosopopées les plus passionnées de Musset, les iambes les plus fulgurants de Barbier.

L'enthousiasme alors ne connut plus de bornes, et il fut un moment où Lucien, énervé par cette poésie volcanique et par les frénétiques transports qu'elle produisait, parut craindre de voir le toit sauter par-dessus les fortifications avoisinantes.

– Eh ! là-bas, le petit qui sort du collège, cria le gros Vachon à Lucien, comment la trouves-tu, leur poésie ? Ça ne vaut pas les classiques, hein !

– C'est plus enlevant, osa dire Lucien.

– Comment, toi aussi ! fit dédaigneusement Vachon, tu donnes déjà là-dedans !

– Et, il me paraît que je suis en assez bonne compagnie répliqua Lucien.

Les amis applaudirent, tandis que Vachon haussait les épaules.

En homme pratique, ce dernier appréciait surtout les classiques, et affichait le plus haut mépris pour toute l'école romantique et ses admirateurs.

Lucien éprouva de suite de l'éloignement pour ce gros garçon vulgaire qui le tutoyait de prime abord et le traitait si dédaigneusement. Peut-être, du reste, le sentiment d'antipathie qu'il ressentait déjà contre Vachon était-il un pressentiment de leurs démêlés et de leur rivalité futurs.

Cependant Graind'orge, plus excité que tous ses hôtes, qu'il n'avait pourtant pas conviés, cassait maintenant le goulot des bouteilles pour aller plus vite ; tandis que le lit de Franchères s'écroulait sous la surcharge de sept invités trop remuants pour son équivoque solidité.

Chacun alors voulut jouer sa partie dans ce drame délirant, et l'on se mit à chanter en chœur les refrains les plus tapageurs de l'interminable répertoire de la bohème.

Jusqu'à trois heures du matin, la veuve Brindamour, qui pensait voir à chaque instant la maison s'effondrer sur son maigre corps convulsionné, recommanda son âme au Seigneur ; tandis que les voisins – bons bourgeois d'habitude paisibles – devenus soudainement épileptiques, se ruaient à grands coups de genoux dans le dos de leurs épouses pleurnichantes, et vouaient à la damnation éternelle les énergumènes de la Mansarde du Palais.

À trois heures du matin – que tous les héros d'Homère le lui pardonnent ! – Franchères, supérieurement gris, faisait un discours en grec ! Les mânes de Démosthène durent rudement trépigner cette nuit-là !...

La dernière bouteille étant vidée jusqu'à l'ultime goutte, et tous étant pleins comme des futailles après la vendange, les invités de Franchères et de Marignan finirent par culbuter de conserve du haut en bas des escaliers, et par aller se déverser et se perdre dans les rues devenues trop étroites pour maints d'entre eux.

Après quelques collisions avec des réverbères qu'il prenait pour ses nouveaux amis et qu'il embrassait au passage, Lucien se retrouva en face de la maison d'un parent qui lui donnait l'hospitalité.

Avec des efforts dignes des plus grands éloges, il parvint à faire jouer la clef dans la serrure, réussit à se hisser sans trop de fracas jusqu'à sa chambre, et finit par s'affaisser dans son lit, au centre d'un grand tourbillonnement de toutes choses.

II

Larmes d'amoureux, baptême de poète

Je ne surprendrai personne en affirmant que Lucien se réveilla, le lendemain, avec un violent mal de tête, que sa jeunesse lui fit pourtant bientôt secouer, quand il eut marché quelque temps au grand air.

En se rappelant quelques-uns des incidents qui avaient marqué la soirée précédente – surtout les vers de Musset et de Victor Hugo qu'on avait récités et qui étaient pour lui toute une révélation – il lui vint un vif désir de devenir un homme de lettres applaudi ; et il se promit de cultiver le talent littéraire qu'il sentait germer en lui.

Le hasard voulut qu'un événement, peu considérable en soi, mais qui devait pourtant prendre une grande importance dans sa vie, vint le confirmer ce jour-là même, dans ses résolutions.

Mlle Caroline de Richemond, qu'il avait connue deux années auparavant à Saint-Omer, et dont il avait gardé une si chaleureuse souvenance, vint à la ville et descendit chez ce parent de Lucien, dont elle était la cousine.

La grande joie que Lucien Rambaud ressentit de revoir celle dont il faisait, depuis deux ans, l'objet de ses plus doux rêves d'avenir, se trouva tempérée, pourtant, par la réserve extrême que Mlle de Richemond apporta à leur entrevue. Avec sa passion et son imagination fougueuses, Lucien s'était empressé de tirer les conclusions favorables de la coïncidence de cette visite de la jeune fille chez un parent commun, avec son propre retour à Québec, et il en concluait que Caroline avait dû contribuer à leur rencontre, et qu'elle l'aimait aussi.

La froideur qu'elle lui témoignait en le revoyant, pensait-il, n'était assurément causée que par la gêne qu'elle éprouvait de laisser percer ses sentiments en présence d'autres personnes. Il saurait bien faire fondre cette glace, dès qu'ils se trouveraient seuls.

L'occasion s'en présenta immédiatement. La musique de l'un des régiments anglais, alors en garnison à Québec, jouait ce jour-là au jardin du Fort. Quand Lucien offrit à Mlle de Richemond de l'y conduire, elle parut accepter sa proposition avec plaisir.

On peut aisément se figurer le ravissement du jeune homme, lorsque, par le radieux après-midi de septembre qui s'épanouissait sur la ville, il se vit cheminant en compagnie de l'élégante jeune fille, par les rues ensoleillées et bruyantes.

En 1864, Québec n'avait pas cet aspect morne, cet air ensommeillé du château de Bois-dormant qu'il offre aujourd'hui. Le siège du gouvernement des deux Canadas, la résidence du gouverneur général et de trois régiments anglais jetaient beaucoup d'argent, d'animation, d'entrain dans la capitale de l'Union. Grâce à l'industrie de la construction des vaisseaux, si florissante alors, les faubourgs respiraient l'aisance, tandis que le luxe déployé par les femmes et les filles des ministres, des députés, des hauts fonctionnaires et des riches officiers anglais, faisait de la haute ville le centre le plus brillant, le plus affiné de l'Amérique anglaise.

En ce temps-là, le lieu de promenade, l'endroit de rendez-vous par excellence du beau monde était le jardin du Fort, les jours où la musique d'un régiment s'y faisait entendre.

Pauvre jardin ! combien je te revis déchu de ta splendeur passée, alors que, entraîné, il y a quelques années, par le désir de revivre encore en te parcourant les impressions de ma vingtième année, je me glissai, presque craintif, dans ta silencieuse enceinte !

Parterres incultes, gazons négligés, plates-bandes envahies par l'ivraie, arbres coupés dont l'absence éclaircissait par trop l'épaisse frondaison de jadis ; quel abandon, quelle désolation pesaient maintenant sur vous !

Deux ou trois bambins, gardés par une bonne assoupie, faisaient des pâtés de sables dans les allées désertes, avec la gravité d'enfants de croque-mort qui s'essaient à jouer dans un cimetière tandis qu'un vieillard invalide, affaissé sur un banc chancelant, aspirait, engourdi, un dernier rayon de soleil, avant que d'achever tout à fait d'expirer.

Saisi par cet air sépulcral, je traversai le jardin sans m'y arrêter, promenant mon regard attristé sur la vaste rade où pas un vaisseau d'outre-mer n'était en vue.

Combien, il y a trente ans, ce site, alors enchanteur, offrait un aspect différent ! Ratissez ces allées, peignez ces parterres où des fleurs rares et variées faisaient éclater en notes vibrantes les couleurs les plus vives ; replantez ces grands chênes dont les longs bras élevaient un dôme de verdure au-dessus des gazons veloutés ; peuplez d'une foule élégante ce jardin où l'art luttait gaiement avec la grande nature ; saisissez au passage ces regards d'amoureux qui marchaient langoureusement dans les allées ombreuses, en écoutant chanter dans leur âme la suave mélodie d'amour qu'accompagnaient les accords tantôt rieurs, tantôt plaintifs, d'une musique artistement conduite ; jetez sur ce paysage si brillamment animé l'immensité d'un ciel inondé de soleil dont le feuillage des bouleaux et des chênes tamisait les rayons ; arrêtez vos yeux sur la rade peuplée de centaines de navires venus de tous les points du globe, et puis, laissez-les errer sur cet admirable horizon de montagnes dont les mamelons, mollement arrondis, verdoient ou jaunissent au premier plan, avec les coteaux de Beauport et de l'Île d'Orléans, pour aller, bleuâtres, se perdre en s'amincissant, s'estomper, se fondre enfin dans l'azur pâle des fuyants lointains ; et vous aurez un vague reflet du superbe tableau qu'offrait le jardin du Fort à cette époque où la vie battait son plein dans l'aristocratique capitale des deux Canadas.

Quand Mlle de Richemond et Lucien Rambaud arrivèrent au jardin, les promeneurs y affluaient déjà, le concert étant commencé.

Échelonnés sur l'estrade, qui s'élevait au point culminant, les musiciens du 60ème, leur petit bonnet crânement inclinée sur l'oreille, jouaient comme morceau d'ouverture la marche militaire de *Faust* qu'ils enlevaient avec bravoure.

Lucien et sa compagne prirent rang parmi les promeneurs qui faisaient le tour du jardin par les allées latérales. À petits pas ils allaient, frôlés à tout moment par les énormes jupes des dames que gonflait outre mesure la crinoline obligatoire de l'époque, tandis que les hommes, avec leurs manches de veston et leurs pantalons bouffants, semblaient rivaliser avec les femmes pour exagérer les proportions des membres et imposer à la structure du corps humain une forme tout à fait différente de celle que lui a donnée la nature. Mais qui eût alors songé à se plaindre de cette anomalie ? La mode les voulait ainsi vêtus, et les uns et les autres se trouvaient fort bien de la sorte.

Le rythme guerrier de la marche de Gounod, qui faisait bondir les ondes sonores de l'air à travers les éclats des cuivres, stimula

Lucien et acheva de lui mettre du courage au cœur.

Avec une hardiesse dont, la veille, il ne se fût pas cru capable, il fit à Mlle de Richemond l'aveu complet de la passion dont il se sentait pris pour elle depuis deux ans. Il lui rappela leur rencontre à Saint-Omer, la première soirée chez M. Morel, le pique-nique sur les bords pittoresques de la rivière des Perdrix, leur ascension dans le clocher où leurs deux noms allaient rester bien longtemps gravés et enlacés sous le clair regard des astres.

S'échauffant d'avantage, il lui fit part du culte qu'il lui avait voué depuis lors, de toutes ses aspirations vers elle, lorsque, prisonnier dans les sombres murs du collège, sa seule distraction, son seul bonheur était de répéter le nom de Caroline dans des vers qu'elle lui inspirait à son insu, et de contempler en extase sa figure adorée dans le miroir fidèle de son souvenir.

– Maintenant, il avait quitté le collège et venait d'être admis à l'étude du droit. Dans trois ans, il serait avocat. Avant cinq ou six années, quand serait venue la clientèle, il se verrait sans doute en mesure de l'épouser, si, toutefois, elle voulait bien lui faire l'honneur de lui accorder sa main.

Ici, Mlle de Richemond, qui avait écouté, impassible, mais non sans rougir un peu, ne put empêcher un sourire d'effleurer ses lèvres, avec cette expression railleuse qui avait déjà fait mal autrefois à Lucien.

– Mais ne songez-vous pas, monsieur Rambaud, répondit-elle, que je ne serai plus bien jeune dans cinq ou six ans d'ici, et que ce serait un peu beaucoup attendre pour une personne qui compte déjà, comme moi, vingt printemps épanouis et même évanouis ?... Et puis, en supposant que je voulusse bien aujourd'hui vous accorder les cinq ou six années d'attente que vous me demandez, qu'est-ce qui me garantirait la constance de votre affection ?

– Mon amour qui est sans borne, et ma parole, Mademoiselle.

– Votre parole, monsieur Rambaud, je crois à toute sa sincérité. Quant à votre affection, si grande qu'elle puisse être, laissez-moi vous dire qu'elle n'a pas encore subi l'épreuve par laquelle la fera bientôt passer la comparaison que vous ne manquerez pas de faire dans le monde où vous entrez, entre nombre de jeunes filles, des plus belles et des plus accomplies, et moi dont vous vous êtes épris quand vous n'étiez encore qu'un enfant, parce que j'étais peut-être la première que vous fréquentiez dans l'intimité.

– Personne ne m'apparaîtra jamais plus charmante que vous, Mademoiselle ! s'écria Lucien, dont le cœur commençait à se serrer.

– Permettez-moi de vous dire que, avec votre inexpérience du monde, vous n'en sauriez répondre d'une façon absolue. Et, comme je me trouverais, moi, dans une jolie position si, après vous avoir engagé mon cœur, je vous voyais faire chez d'autres jeunes filles des découvertes qui ne seraient pas du tout à mon avantage ! J'admets, dans ce cas, que vous voulussiez bien ne pas manquer à votre parole ; mais vous ne m'épouseriez plus que par devoir, alors... et nous serions voués tous deux au malheur irréparable d'un mariage sans amour réciproque et complet ! Vous voulez bien m'accorder quelques qualités ; mais est-ce donc là toute la somme de bonheur que j'en puisse espérer, et ne dois-je attendre de votre affection d'aujourd'hui que l'espérance, incertaine, d'une union si longtemps d'avance toute grosse de périls ?...

– Oh vous ne m'aimez pas, Mademoiselle, pour me parler ainsi.

– Mais en vérité, Monsieur, veuillez donc me dire comment j'ai pu vous laisser croire que je vous aimasse ? Citez-moi une de mes paroles, rappelez-moi un seul de mes gestes qui aient pu vous donner à penser que je partageais les sentiments d'affection que vous dites entretenir depuis si longtemps pour moi, sans que, je vous assure, je m'en sois un seul instant doutée !...

En ce moment ils passaient derrière l'estrade, tout près des musiciens qui exécutaient l'ouverture du *Barbier de Séville*. Cette musique pimpante, rieuse de Rossini, sur les fines broderies de laquelle se détachait la voix moqueuse de Mlle de Richemond, fit mal à Lucien ; car elle semblait railler la douleur qu'il ressentait de voir son bel oiseau bleu de rêve s'enfuir à tire-d'aile.

– Il m'avait semblé, objecta-t-il timidement que, lorsque nous nous rencontrâmes à Saint-Omer... il y a deux ans...

– Mon Dieu, Monsieur, vous étiez si jeune alors, que vous avez dû vous méprendre complètement sur la nature de mes sentiments à votre égard. Je vous avouerai volontiers que je ne fus pas sans m'apercevoir que vous me faisiez un peu la cour. Mais comment, moi, alors âgée de dix-huit ans, aurais-je pu prendre au sérieux les attentions d'un collégien ? Nous avions bien, si vous voulez, tous les deux dix-huit ans ; mais nous n'étions pas du même âge ! Maintenant, que j'aie joliment accueilli vos prévenances, je n'en saurais disconvenir. Mais pouvais-je agir autrement, lorsque celui de qui elles me venaient se trouvait être le neveu de mon hôte, M. Morel ? Et, de ce que je me sois montrée aimable avec vous, sans rien de plus, s'ensuit-il que je vous aie donné le droit de croire à quelque inclination sérieuse ?...

– Évidemment non, Mademoiselle ! dit amèrement Lucien. Et j'étais, en vérité, bien enfant pour vous avoir ainsi voué ma vie entière, alors que j'aurais dû savoir que vous ne pouviez pas vous éprendre d'un pauvre écolier, et que, du reste, vous aimez sans doute quelqu'un plus prêt à faire votre bonheur !

– Oh ! n'allons pas à présent – comme vous direz quand vous serez avocat – nous écarter de la question ; et, laissez-moi vous dire que, si je suis très peiné du chagrin que vous paraissez éprouver de ma franchise, je ne saurais vous autoriser à scruter aussi attentivement ma vie.

Après le beau rêve si longtemps savouré, le réveil du pauvre amoureux était si brusque et si cruel, qu'il lui semblait que tous les ressorts de son être se brisaient en lui. Il marchait machinalement à côté de Mlle de Richemond, se sentant enfoncer dans un abîme de désolation.

Et pourtant, des amoureux, les yeux tendrement unis, le frôlaient de leur bonheur insolent !...

À cet instant, les musiciens attaquèrent une fantaisie sur la plaintive romance *The last rose of summer*. Au bout de la seconde phrase musicale, la fanfare s'arrêta net ; et puis, on entendit un étrange écho répéter au loin les deux dernières mesures. Et ainsi, de deux phrases en deux phrases, un second groupe de musiciens cachés dans le jardin du gouverneur, à quelques cents pieds de là, renvoyaient aux auditeurs surpris et charmés les dernières notes qu'ils venaient d'entendre auprès d'eux.

Ces sons voilés et mélancoliques des cors se plaignant là-bas, sous de mystérieux ombrages, rapportaient à Lucien l'écho de sa propre désespérance, et une tristesse lourde comme des mondes s'abattit sur lui.

Que dit-il ensuite à Mlle de Richemond, lorsqu'ils revinrent à la maison de leur parent commun ? c'est ce qu'il ne put jamais se rappeler par la suite, tellement la douleur, qui l'étreignait à l'étouffer, semblait avoir chassé hors de lui son âme.

Le dîner et la soirée qui suivirent glissèrent sur sa mémoire sans y laisser de trace ; et il ne se souvint jamais que de l'heure où il se retrouva seul dans sa chambre à coucher, qu'une mince cloison séparait de la pièce occupée par Mlle de Richemond.

– Elle ne m'aime pas parce que je ne suis rien encore, pensa-t-il soudain. L'orgueil de son intelligence et du nom historique qu'elle porte si fièrement lui font mépriser ma personne et mon nom encore inconnus. Eh bien, je veux rendre le mien célèbre aussi ! À part mon pauvre amour dédaigné, elle ignore tout de moi, et ne saurait soupçonner les pensées généreuses qui font battre mon cœur. Je donnerai l'essor à cet essaim de poétiques idées que je sens palpiter dans l'intimité de mon être. Elles prendront corps sous ma plume, et, la publicité leur donnant des ailes, comme de brillants oiseaux des tropiques, elles s'envoleront, emportant mon nom, obscur aujourd'hui, pour le faire étinceler au-dessus de la foule.

Sous le coup de la grande émotion qui venait de l'empoigner, il se mit à l'œuvre. Et là, dans cette chambre silencieuse, mais toute pleine de son premier désenchantement d'amour, il composa les premiers vers d'un poème d'assez longue haleine auquel il songeait depuis quelque temps.

Si mince était la cloison qui le séparait de la chambre de la dédaigneuse jeune fille, qu'il entendait le souffle léger de la respiration de Caroline qui s'était endormie sans se douter que sa froideur inspirait en ce moment le futur auteur d'œuvres désormais nationales.

Mlle de Richemond partit le lendemain, et ce ne fut que nombre d'années plus tard que Lucien, depuis longtemps guéri de sa passion pour elle, la rencontra – encore fille – avec le doux contentement de la sentir le caresser de ce regard de curiosité admirative qui s'arrête sur les personnes de marque.

Il n'avait pourtant pas dû attendre si longtemps pour savourer une revanche ; car six mois après qu'il avait commencé d'écrire son poème dans le silence de la nuit cruelle qui l'avait pourtant sacré écrivain, une revue de Montréal acceptait le travail vraiment remarquable du jeune auteur et le publiait.

Les directeurs de la revue, voulant accroître le nombre de leurs abonnés, annoncèrent l'apparition du poème de Lucien Rambaud à grand renfort d'affiches placardées en maints endroits de la ville.

Juliette Morel, cousine de Lucien, se trouvait alors à Montréal. Étant sortie avec Mlle de Richemond, elles aperçurent, imprimé en larges caractères, le nom de Lucien qui figurait sur les affiches, avec le titre de l'œuvre qui allait paraître.

– Mais est-ce bien là ton cousin dont il est question ? demanda Mlle de Richemond à Juliette.

– Certainement, répondit celle-ci.

– Quoi, lui ? si jeune ! s'écria Mlle de Richemond, toute surprise, et puis rêveuse.

Ce mot, que lui rapporta sa cousine, fut le premier baume qui cicatrisa la plaie saignante que Lucien Rambaud portait encore au cœur.

III

Une vocation

C'est en lisant les vers si patriotiques de Crémazie, les *Anciens Canadiens* – ce livre si original et si jeune d'un septuagénaire – ainsi que la belle Histoire de Garneau, que Lucien Rambaud s'était senti la passion d'écrire.

Cette évocation lumineuse du passé avait éclaté comme un météore dans son cerveau, lui ouvrant des horizons profonds, lui faisant entrevoir les épopées tour à tour glorieuses ou sombres, mais toujours grandioses, de notre histoire. En étudiant Garneau, il avait aussi compris tout le parti qu'un poète ou un romancier pouvait tirer de nos merveilleuses annales. Le champ était aussi vaste qu'inexploité au point de vue des œuvres d'imagination.

Il avait vu là dedans tout un monde de héros taillés à l'antique, attendant que le souffle d'un écrivain de talent les animât d'une vie nouvelle, en les jetant armés de toutes pièces dans l'arène passionnante de la poésie lyrique, du drame ou du roman de cape et d'épée. Et dès lors, il avait commencé à vivre dans l'intimité de tous ces hommes qui nous apparaissent plus grands que nature, et que Garneau a su couler en bronze sur les tables d'or de l'histoire canadienne.

Mais avant d'arriver à connaître les particularités intimes de la vie de tous ces personnages, avant que de posséder des détails précis sur la vie d'autrefois, sur les mœurs et les usages des deux siècles passés, que d'études, que de lectures de tous genres ne lui fallait-il pas faire ! De tout cela, il ne savait presque rien encore. Et puis, il lui restait à acquérir la forme, c'est-à-dire le style nouveau, concis et correct, sans lequel il ne saurait naître d'œuvre viable.

Son premier poème historique, publié à Montréal, lui avait bien causé tout d'abord cette griserie à laquelle ne résiste aucun jeune auteur. Mais le nôtre, lisant beaucoup, constamment même, eut bientôt fait de s'apercevoir combien sa plume était inexpérimentée dans la science d'exprimer correctement, subtilement sa pensée.

Alors, pour se former le goût et le style, il eut la bonne idée de lire Sainte-Beuve, Paul de Saint-Victor et Janin, ces trois maîtres, quoique dans un genre différent, de la critique moderne. En même temps, autant pour tempérer ce que l'étude exclusive de ces auteurs sérieux aurait pu avoir de trop absorbant, que pour développer les ressources de son imagination et apprendre à donner de la vie, du corps, du brillant à ses créations, il menait de front la lecture des chefs-d'œuvre de l'école romantique : l'œuvre de Victor Hugo et d'Alfred de Musset, les romans mouventés et si pleins de verve de Dumas, l'incomparable *Comédie humaine* de Balzac – le plus grand des romanciers d'analyse – les fantaisies paradoxales mais si finement ciselées de Gauthier, les chevaleresques visions si délicatement exprimées d'Alfred de Vigny, les rêveries socialistes de George Sand – aussi intéressantes qu'invraisemblables, mais toujours d'une admirable correction de forme – et bien d'autres productions de l'esprit dont l'énumération pourrait paraître ici fastidieuse.

Enfin, de temps à autre, pour se faire la main, et pour donner une issue au trop plein de son imagination surchauffée par tant de lectures, il publiait une pièce de vers, un essai, une chronique qui avaient déjà une allure de bonne compagnie et se présentaient assez bien dans le monde où ils ne demandaient du reste qu'à se produire.

– Mais, nous dira-t-on, comment Lucien pouvait-il faire à la fois son droit et se livrer à des études littéraires si suivies ?

Nous sommes forcé d'avouer, hélas ! qu'il négligeait beaucoup, par trop même, l'étude du Code, et qu'il se serait bientôt trouvé dans une situation critique et dans l'obligation de renoncer, pour un temps du moins, à ses chères études littéraires, lorsqu'un événement des plus importants pour le pays vint permettre à Lucien de réaliser son rêve, longtemps caressé, d'embrasser une carrière facile qui lui donnerait le loisir de s'occuper, sans trop de contrainte, de la culture des lettres qu'il aimait passionnément.

On était à l'été de 1867, et le pays allait changer de constitution. Les deux provinces unies du Bas et du Haut-Canada venaient de décider les provinces maritimes à s'unir à elles pour former la Confédération canadienne.

Le gouvernement de la province de Québec avait à s'organiser, et nombre d'emplois publics allaient y être créés. Lucien, dont la famille avait rendu des services importants au parti qui avait élaboré et fondé la constitution nouvelle, se dit qu'il avait grande chance d'obtenir un emploi dans un ministère, pour peu qu'on l'y aidât et que son père voulût bien y consentir.

Quand il fit part de son désir à M. Rambaud, celui-ci, qui avait rêvé une carrière plus brillante pour son fils aîné, qu'il savait heureusement doué – quoiqu'il ne soupçonnât pas combien son fils avait jusque alors délaissé le droit pour la littérature, si peu rémunératrice en ce pays – se montra d'abord opposé aux projets de son fils. Mais Lucien insista tellement, promettant de ne pas moins se faire admettre au barreau, dans le cas même où il obtiendrait un emploi ; il sut si bien démontrer à M. Rambaud, chargé d'une grande famille que, si lui, Lucien, pouvait se caser dans l'administration de la Province, il ne serait plus à charge à son père, qui se pourrait dévouer plus entièrement à l'éducation de ses autres enfants ; il y mit tant de persistance et de persuasion, que son père finit par se rendre à ses instances, en y posant toutefois une condition.

– Il faut souvent attendre longtemps les faveurs des gouvernants, dit-il à Lucien. Je ne puis t'accorder que trois mois pour réussir, c'est-à-dire trois mois de pension payée d'avance, quand les vacances seront terminées. Si au bout de ce temps, tes démarches ne sont pas couronnées de succès, tu devras te préparer à embrasser la profession, qu'elle te plaise ou non.

Lucien fut très heureux d'accepter ce compromis. Il écrivit aussitôt à M. Bergevin, ministre dans le gouvernement fédéral, qui, avec sa ponctualité restée légendaire, lui répondit immédiatement, et, en considération des services rendus au parti de la Confédération par la famille Rambaud, promit à Lucien de le recommander aux ministres de la nouvelle province de Québec.

Le mois d'août s'écoula sans que Lucien entendît parler autrement de sa démarche. Afin d'en hâter le résultat, il partit pour la ville au commencement de septembre, lesté du léger poids de trente-cinq dollars, et se trouva un gîte dans les mansardes d'une pension bourgeoise, rue Saint-Jean. Cette chambrette sous les toits était bien le nid traditionnel où tout auteur en herbe voit éclore les premiers nés de son imagination.

Rambaud se mit tout de suite en chasse, à la poursuite du cher emploi qu'il convoitait avec tant d'ardeur. Son premier soin fut de se présenter chez M. Bergevin, qui l'accueillit avec bienveillance et lui dit l'avoir déjà fortement recommandé à M. Chauveau, l'un des ministres provinciaux, qu'il conseilla à Lucien d'aller voir sans délai.

– Et surtout, lui dit le bienveillant homme d'État, n'allez pas vous laisser décourager par les lenteurs et les retards. Permettez-moi de vous dire, moi qui m'y connais un peu que, quand on veut obtenir une faveur d'un ministre, il faut y mettre tant d'insistance, une persévérance telle, que, n'eût-il pas d'autre raison, il finisse par se laisser gagner pour avoir la paix.

Le conseil était aussi bon que désintéressé, et Lucien se promit de le suivre à la lettre.

Appelé à la direction des affaires, par son éloquence, ses talents littéraires et ses services rendus depuis des années à la cause de l'instruction publique, M. Chauveau était alors dans la vigueur de l'âge et dans la plénitude de ses moyens.

Se rappelant les difficultés qu'il avait dû vaincre lui-même pour arriver, presque complètement par la culture des lettres à la position brillante qu'il occupait alors, il était rempli des meilleures dispositions envers les jeunes gens qui donnaient des espérances littéraires, et se sentait tout porté à faciliter le développement de leurs aptitudes, en leur donnant accès aux emplois publics, et en les mettant ainsi à l'abri des luttes stérilisantes contre les difficultés de la vie.

Chacun se souvient de la belle part qu'il sut faire alors aux jeunes auteurs, dans la distribution des fonctions dont il pouvait disposer ; et il a dû avoir d'autant plus droit d'en être fier, que tous les jeunes talents auxquels il ouvrit si généreusement une carrière lucrative – à part ceux qu'une fin prématurée nous a trop tôt ravis – ont depuis fait largement honneur aux lettres canadiennes.

Le ministre reçut avec bonté Lucien, dont il connaissait les premiers essais, l'interrogea sur ses aspirations, ses projets, et, le voyant plein d'enthousiasme, lui promit de l'aider de tout son pouvoir.

– Seulement, lui dit-il en terminant, il va falloir que vous attendiez quelques semaines ; car les différents départements de l'administration provinciale sont encore loin d'être organisés. Mais ne perdez ni patience ni courage ; je crois qu'il y aura moyen de vous caser quelque part.

Il sembla à Lucien, lorsqu'il revint à sa mansarde, qu'elle était tout ensoleillée, bien qu'il fît nuit complète.

Les semaines qui suivirent, il les passa dans une attente fiévreuse. Deux ou trois fois il se présenta au bureau de M. Chauveau, et connut l'ennui des longues et humiliantes attentes dans l'antichambre d'un ministre, au milieu des solliciteurs ennuyés et ennuyeux.

La dernière fois qu'il obtint audience du premier ministre, celui-ci l'assura que son affaire était en bonne voie, tout en lui laissant comprendre, par l'empressement qu'il mit à le congédier, que ses visites se faisaient un peu fréquentes.

Lucien, très délicat et fort timide, s'en aperçut et sentit son angoisse s'accroître à mesure qu'il lui semblait voir diminuer ses chances de réussite.

Cependant, avec le temps qui s'écoulait, s'en allait aussi les faibles ressources que lui avait laissées son père, et il voyait arriver avec terreur le jour de l'échéance de son deuxième mois de pension, après lequel il lui faudrait reprendre l'étude ardue de la loi, et dire adieu à ses beaux rêves, d'une existence vouée presque exclusivement à ses chers travaux littéraires.

Pour dompter l'énervement que lui causaient ses angoisses croissantes, il s'en allait errant par les rues dès le matin jusqu'à la nuit, cherchant autant la détente de ses nerfs que l'ombre d'une espérance toujours fugitive.

Le matin du 30 octobre éclaira mélancoliquement la mansarde de Lucien, qui, en ouvrant les yeux sur un jour terne d'automne, sentit aussitôt son cœur se serrer à la pensée que c'était l'avant-dernier jour du délai fixé par son père.

Sa pension payée le lendemain, il ne lui restait plus qu'un écu, et la perspective de continuer ses ennuyeux tête-à-tête avec le Code et l'insipide littérature des factums et des déclarations.

Il passa une journée d'affaissement désespéré.

Dans l'après-midi, comme il s'en allait tête basse dans la rue Saint-Jean, frôlant sa désolation contre la gaieté insolente des promeneurs qui encombraient les trottoirs, il se vit arrêter par Étienne Franquart, une nouvelle connaissance qui devait devenir bientôt son plus intime ami.

Franquart était un beau garçon de vingt-quatre ans, grand, brun, le front élevé, l'œil noir pétillant d'intelligence, la moustache en crocs, portant haut sa belle tête et faisant résonner fièrement le pavé de son talon nerveux, tout comme s'il eût encore porté ses éperons d'officier d'ordonnance.

Car il était récemment revenu des États-Unis, où il s'était bravement battu. Il avait fait toute la campagne, et était revenu au pays après avoir reçu deux blessures. Guéri du goût des aventures, il avait pour toujours accroché son épée au chevet de son lit, et s'escrimait maintenant gaillardement de la plume pour se faire un nom dans les lettres.

Un récit attrayant de ses pérégrinations, qu'il publiait en ce moment dans une revue, et qui était écrit avec une verve et une chaleur de coloris alors tout à fait inusités en ce pays, attirait beaucoup l'attention sur Franquart. Lui aussi briguait un emploi dans la nouvelle administration, et faisait souvent antichambre chez les nouveaux ministres.

– Eh bien ! dit-il à Lucien, qui l'avait mis au courant de ses propres démarches, avez-vous des nouvelles ?

– Non, répondit piteusement Rambaud. Et vous ?

– Pas d'avantage, mon bon ; et je suis à la veille de faire imprimer, avec le dernier dollar qui me reste, un écriteau portant ce fragment poétique de Dante : *lasciate ogni speranza*, et de le clouer à ma porte, pour me bien dégoûter de la convoitise des emplois publics en général, et de la culture des belles-lettres en particulier. Quand je dis belles, remarquez bien que je n'ai pas l'arrière pensée de croire que ce soit pour nous, sauvages du Canada, que ces grandes dames se mettent en frais de séduction ; car Dieu sait que si nous leur faisons de loin la cour, ce ne peut être, certes, qu'avec les sentiments les plus désintéressés !

Il montaient la rue de la Fabrique. Franquart, d'une gaieté à toute épreuve, continuant ses blagues contre le destin, le gouvernement et la littérature, était en train de citer à Lucien, qui ne la connaissait pas encore, cette boutade de Gozlan sur les deux vers de Racine :

Aux petits des oiseaux Dieu donne la pâture,

Mais sa bonté s'arrête à la littérature.

quand ils virent s'approcher Célestin Vachon qui sortait du bureau de son journal.

D'aussi loin qu'il les vit venir, il se mit à leur faire des gestes réitérés avec ses longs bras maigres.

– Que diable a donc Vachon ? dit Franquart, qui connaissait, comme tout le monde, les idées terre à terre du journaliste avocat. On dirait une volaille qui voudrait s'envoler au ciel.

– Tous mes compliments, messieurs, tous mes compliments ! leur dit Vachon, en abordant les deux compagnons.

– Oui, il y a de quoi ! repartit Franquart ; nous sommes dans le noir jusqu'au cou, Rambaud et moi.

– À quel propos nous félicitez-vous donc ? s'écria Lucien qui, toujours à l'affut d'une bonne nouvelle, sentait son cœur battre convulsivement.

– Mais à cause de votre nomination, que je viens de consigner dans mon journal.

– Hein ! quoi ! s'exclamèrent à la fois Franquart et Rambaud.

– Mais oui. Vous, Franquart, vous avez un emploi de huit cent dollars à la Chambre ; et vous, Rambaud, un de six cents au Ministère des Terres.

– Dites donc, Vachon, parlez-vous sérieusement, lui demanda Franquart, tandis que Lucien, par le fait de la surprise et de la joie, restait bouche bée.

– Très sérieusement, comme toujours, reprit Vachon ; je viens de recevoir, du premier ministre lui-même, la liste des nominations qui ont été faites hier à la dernière réunion du Conseil. Vos noms y figurent en toutes lettres. Le journal doit être imprimé maintenant, voyez-le plutôt.

Quelques pas les amenèrent en face de l'imprimerie où ils entrèrent tous trois.

– Le journal est-il prêt ? demanda Vachon avec toute l'autorité du rédacteur en chef.

– Oui, monsieur, répondit un apprenti en lui tendant une des feuilles encore humides qu'il portait à bras tendus.

D'un coup d'œil Vachon parcourut le journal et indiqua du doigt aux deux amis le paragraphe relatif à leur nomination. Et puis, toujours pratique :

– Voici une nouvelle qui vaut bien un verre ?...

– Oh ! deux même, Vachon de mon cœur ! s'écria Franquart. Allons chez Laforce célébrer ce bel événement.

Tandis qu'ils se dirigeaient vers le Chien d'Or, Célestin Vachon, cédant au besoin – naturel à sa nature envieuse – de jeter de l'eau froide sur le bonheur de ses deux compagnons, leur disait, tout en les félicitant d'un air pincé :

– Eh bien ! vous voilà donc casés, vous autres. Tant mieux pour vous ! Quant à moi, je vais continuer d'attendre les clients qui semblent se donner le mot pour ne pas entrer dans mon bureau, et d'écrire de la littérature de gazette pour un dollar par jour – le salaire d'un ouvrier ! – qu'on ne me paie pas régulièrement, encore ! Tandis que vous vous gobergerez tout d'abord, je vais, moi m'user quelque temps encore les dents sur le bifteck de la vache enragée. Mais j'espère que le journalisme et la politique aidant, vous me demanderez, dans dix ou quinze ans d'ici, des augmentations de traitement.

– En attendant que vous nous les refusiez, que prendrez-vous avec nous ? demanda Lucien, qui jeta négligemment son dernier écu sur le comptoir.

(Conclusions et fragments du roman de M. Joseph Marmette, fatalement interrompu par la mort de l'auteur.)

À la fin du chapitre IV de son roman *À travers la vie*, Joseph Marmette, qui fut pour moi un confrère affectueux et un ami de cœur, citait les quelques strophes du *Crucifix* de Lamartine, qui commencent par ces mots :

Toi que je recueillis sur sa bouche expirante,
Avec son dernier souffle et son dernier adieu...

Et ces deux vers du grand poète de toutes les tendresses me reviennent à la mémoire, au moment où, la plume à la main pour écrire le triste épilogue qu'on m'a chargé d'ajouter aux pages inachevées de son dernier roman, je feuillette les quelques notes retrouvées sur la table de travail à côté de laquelle mon ami s'est silencieusement éteint, un sourire sur la lèvre et la main sur le cœur.

Ces quelques notes, reliques touchantes pieusement recueillies, sont bien informes, bien vagues et bien incomplètes.

Elles ne peuvent donner qu'une très faible idée de ce qu'aurait été l'œuvre, si l'auteur eût eu le temps de la mener à bonne fin.

Telles qu'elles sont, cependant, je vais tâcher d'en réunir tant bien que mal les tronçons, d'en coudre plus ou moins bien ensemble les différentes parties, et, à l'aide de quelques pages éparses laissées par l'auteur comme des jalons perdus, essayer d'ajouter une conclusion quelconque au livre si tristement interrompu.

Marmette écrivait son roman chapitre par chapitre, au fur et à mesure que chacun d'eux s'imprimait dans la *Revue Nationale*.

De sorte que, même le chapitre qui devait suivre immédiatement ce qui a paru dans l'avant dernier numéro n'est pas complet.

Voici tout ce que nous en avons retrouvé. C'est écrit un peu à la diable et tronqué par la main de la mort qui est venue s'abattre si inopinément sur la tête du travailleur penché sur son manuscrit.

L'employé

Après le grand Balzac et le spirituel Gaboriau, qui ont si bien décrit l'existence de l'« Employé », il serait oiseux de raconter ce que devint Lucien Rambaud dans sa vie de tous les jours, après sa nomination au poste qui lui avait été assigné.

L'auteur de ces lignes a eu l'avantage de faire, durant trois ans, des recherches historiques dans plusieurs ministères, à Paris, et de vivre coude à coude avec des « employés » de toutes classes ; et il les a tous trouvés absolument les mêmes que dans notre bien-aimée patrie.

Si donc je m'essayais à une étude des mœurs et des habitudes de l'« employé » canadien, je me rencontrerais sur le même terrain que Balzac, Gaboriau et autres experts analystes, et vraiment je ne m'y sentirais pas à mon aise.

Aussi mon lecteur me permettra-t-il, s'il veut se faire une idée vraie de la vie du fonctionnaire public chez nous comme là-bas, de le renvoyer à l'immortel auteur de la *Comédie humaine,* et au créateur subtil des romans de cour d'assise, comme *l'Affaire Lerouge* et *Monsieur Lecoq,* un autre charmant persifleur de ce petit monde à part.

Ne pas se faire trop de mauvais sang, et retirer avec la plus régulière des ponctualités le bienheureux traitement le jour de la « Sainte-Touche », voilà ce qui constitue, dans tous les pays civilisés, le principal devoir de tout bon serviteur salarié de l'Etat.

Lucien n'eut certes garde de manquer au respect dû aux traditions à nous scrupuleusement léguées par les vieux pays, et que nous lèguerons avec autant de scrupule et dans toute leur intégrité, à ceux qui auront l'honneur d'embrasser après nous l'honorable mais peu lucrative carrière.

Seulement je me hâte d'ajouter, pour la justification complète de mon personnage, que s'il prit parfois quelques libertés avec le temps dû au fonctionnement intègre des affaires de son pays, ce ne fut que pour consacrer quelques minutes de plus aux travaux littéraires qui depuis longtemps passionnaient son âme d'écrivain prédestiné.

Honni soit qui mal y pense ! Le pays n'y perdit rien, car, en moins de deux ans, Lucien lança dans le monde de la publicité un volume de vers et un roman dont il est encore souvent fait honorable mention dans la petite république des lettres canadiennes.

Si tous les employés de nos ministères en faisaient autant, ne croyez-vous pas qu'on devrait leur voter, à chaque session des Chambres, une belle et bonne augmentation de traitement, avec des vacances libérales, conservatrices de leurs facultés productives de littérateurs ou d'artistes ?

Personne ne saurait blâmer le fonctionnaire de talent qui dérobe quelques heures à une besogne bien souvent oiseuse, pour donner à ses compatriotes quelqu'œuvre qui laisse des traces durables dans l'histoire de la nation.

Il faut aussi mettre en ligne de compte les veilles ardues, prolongées, les préoccupations constantes d'un esprit à la recherche de l'inspiration, la vie intellectuelle à outrance enfin, et surtout la dépense exagérée de ce fluide nerveux qui est au cerveau de l'homme ce qu'est l'huile à la lampe. Et cela, sans rémunération bien tangible, sans honneurs bien marquants, donné sans compter pour la gloire du pays, qui daigne lui permettre de vivre juste assez pour ne pas crever de malefaim.

Le pain quotidien est-il une rémunération suffisante ? Les vrais patriotes se le demandent, pour l'homme de talent qui prodigue ainsi ses belles et vaillantes facultés au service et à la gloire de la patrie ?

Partout ailleurs que chez nous, dans les contrées où les travaux de l'esprit sont rétribués convenablement, l'écrivain se peut suffire à lui-même ; il y trouve même la fortune. Mais, dans un pays comme le nôtre, où les plus brillantes productions ne sauraient faire vivre le plus fécond comme le plus frugal des auteurs, n'est-il pas raisonnable que l'État assure le pain de chaque jour aux écrivains de talent qui chantent ou célèbrent les gloires de la patrie, en même temps qu'ils font souvent, du reste, la besogne la plus asservissante et la plus délicate de messieurs les ministres ?

Lucien, fidèle à sa vocation d'écrivain, consacrait donc tous les loisirs que lui laissait sa besogne de fonctionnaire public à ses études et à ses productions littéraires.

Déjà la réputation d'auteur distingué s'attachait à son nom, grâce à l'originalité de sa manière, et à la forte imagination dont ses œuvres étaient empreintes.

Mais, si son esprit était en plein épanouissement, son cœur, depuis l'échec que lui avait fait subir l'indifférence de Caroline de Richemond, s'était comme replié sur lui-même, dévorant les larmes de sa fierté blessée, et se cuirassant de jour en jour contre toute nouvelle surprise possible de son ardente jeunesse.

Froissé d'avoir été dupe de sa sincérité naïve, il se méfiait maintenant de tout ce qui pouvait l'entraîner vers de nouvelles déceptions. Toutes les jeunes filles qu'il rencontrait dans le monde distingué où ses relations de familles lui donnait ses grandes et ses petites entrées, lui semblaient autant de sirènes trompeuses conjurées pour exercer à ses dépens leur puissance séductrice.

D'un extérieur sympathique et doux, avec des talents de société, une jolie situation pour son âge, et sa réputation d'homme de talents littéraires, toujours si attrayante pour le cœur de la femme, notre héros était très recherché ; mais ses succès ne le grisaient point. Toujours sur ses gardes, il évitait les pièges de l'amour, se bornant à se laisser désirer et à conter fleurette à droite et à gauche, voltigeant, suivant l'expression consacrée, de fleur en fleur, à la manière des papillons volages.

Un jour, cependant, le hasard le mit en rapport avec une jeune fille qui devait se trouver mêlée intimement à son existence. Elle habitait une campagne assez éloignée, et appartenait à l'une des anciennes familles seigneuriales du pays.

La première entrevue eut lieu par une radieuse matinée de juin, sur la terrasse qui fait la gloire de Québec.

Est-il au monde, à part Naples, que j'ai vue, et la Corne d'Or, à Constantinople – dit-on – spectacle comparable à celui qui se déroule, grandiose au possible, du haut de cette incomparable promenade, autour de cet original hôtel moyen âge qui porte le nom glorieux de Frontenac ? Par un beau soleil matinal, à cette heure où la rosée, pluie de perles, commence à s'évaporer dans l'air, quelle merveilleuse scène s'offre là aux regards charmés du promeneur, et surtout du rêveur – comme l'était Lucien Rambaud !

Tout là-bas, les fières Laurentides marient leur azur avec celui du ciel, et baignent leurs cimes rayonnantes dans la limpidité de l'éther.

En deçà, tranchant par sa verdure sombre, sur la masse bleuâtre de la longue crête et sur le bleu clair de l'horizon lointain, ondulent les lignes reposées de l'Île d'Orléans, cette poétique baigneuse qui trempe ses pieds dans l'onde fraîche, et se chauffe au soleil, pendant que les grands bras du fleuve l'étreignent avec amour.

Sur la gauche, les coteaux veloutés de Beauport verdoient en serpentant, coupés de cette longue rayure de blanches maisonnettes qui court jusqu'où la vue peut porter.

En face, se dresse la côte escarpée de Lévis, avec ses milliers de toits couronnant la sommet de la falaise.

Tout au bas roule avec majesté la masse des eaux du fleuve ensoleillé, et portant avec nonchalance une flotte venue de tous les point du globe. Enfin à deux cent cinquante pieds d'abîme, la ville basse avec sa ceinture de quais bordée de navires remplis de tous les produits du monde.

Tout y est mouvement et bruit. Le fracas des charrettes qui roulent lourdement sur le pavé des rues, fait la basse du bourdonnement qui monte des profondeurs, tandis que le cri strident du sifflet des bateaux à vapeur qui sillonnent le fleuve, éclate en notes de cuivres dans l'ensemble de cet immense orchestre d'une ville qui vient de s'éveiller.

Surexcitées par le bruit, égayées par le printemps, le soleil et la saison des amours, les hirondelles s'ébattent dans l'air frais, et, rasant comme des éclairs la cime du roc, saluent le promeneur de petits cris de joie.

De jeunes amoureux qui se sont rencontrés ! – par hasard, il n'en faut pas douter – au sortir de la messe, à la cathédrale voisine, passent, le sourire aux lèvres et la gaieté dans l'œil.

Ils vont, les heureux enfants, grisés par la jeunesse qui chante dans leur âme.

Ils vont à petits pas, longeant cette allée de lilas épanouis qui secouent leurs pétales et leurs parfums sur ces jeunes et naïves floraisons du cœur.

Ils vont, les chers amoureux, les cheveux dans la brise, le front dans les clartés, le cœur plein de chimères rayonnantes. Où vont-ils ? Ils ne le savent pas... Que leur importe ! Ils marchent dans leur rêve vers les fleurs, vers l'aurore, vers l'avenir !

S'ils savaient que l'avenir, c'est la déception, c'est l'effondrement des doux espoirs, c'est le penchant fatal de la vie, le racornissement du cœur, la décrépitude du corps... et puis... la croix du cimetière !

Ici – coïncidence singulière autant que touchante – s'arrête le manuscrit régulier de l'auteur.

À cette pensée des vanités de la vie, des rêves déçus, de la vieillesse qui s'approche, avant-coureur de la fin finale, on dirait que le décourageant « à quoi bon ? » qui hantait si souvent l'imagination de notre pauvre ami, lui a fait tomber des mains la plume qu'il ne devait plus relever.

Il l'a répété bien souvent, c'est ainsi qu'il désirait mourir, sans affres, sans agonie, dans son fauteuil, la tête penchée comme un enfant qui s'endort.

Son désir a été exaucé, mais il n'en est pas moins déplorable que le travail commencé soit sans épilogue, et que, par malheur, il ne nous reste à peu près rien pour nous guider dans la reconstruction du plan que l'auteur s'était tracé.

C'est à peine si certaines bribes de notes nous laissent deviner quelques-uns des événements qui croisent la vie du héros, en lutte avec les tribulations de l'existence, et les obstacles qu'il rencontre dans la réalisation de ses projets d'homme de cœur et d'ambition.

Essayons d'en débrouiller un peu le fil. Autour de Lucien Rambaud – les lecteurs le savent déjà – se meut, dans l'atmosphère un peu renfermée de Québec, tout un petit monde de jeunes débutants à l'esprit surchauffé par des aspirations ardentes et des espérances plus ou moins chimériques.

Les uns courent après les satisfactions du moment, c'est-à-dire les jouissances du cœur et de la gloriole ; d'autres, plus froids, plus calculateurs – et sans doute plus sages – édifient patiemment leur petit avenir sans regarder autour d'eux ni s'arrêter en route ; d'autres enfin, dévorés d'ambitieuses visées, se jettent éperdument à la poursuite du succès quand même, sans scrupules ni convictions, prêts à passer sur le corps de n'importe qui, pour arriver à n'importe quoi.

Au nombre de ces derniers se trouve Zéphirin Vachon, l'homme positif et pratique par excellence, le contempteur de tout ce qui touche au sentiment, l'antipode par conséquent de Lucien Rambaud.

C'est l'homme que le héros du livre doit trouver sans cesse en travers de sa route, et par qui il sera fatalement écrasé.

Sur cette admirable terrasse de Québec, dont nous venons de lire une si fidèle description, le poète, comme on l'a vu plus haut, avait un jour rencontré une jeune fille admirablement douée, appartenant à l'une de nos familles les plus distinguées de la campagne.

Il était trop fin appréciateur, trop poussé vers les choses du sentiment, et trop ami des femmes en général, pour ne pas porter à sa nouvelle connaissance certaines attentions exagérément empressées, peut-être.

Mais la plaie qui lui saignait au cœur était encore si vive que toute vraie cicatrisation était impossible.

Il pouvait admirer, chérir, désirer ; il ne pouvait plus aimer. Les ingénuités du cœur, ce charme magique et suprême de la jeune fille, avaient toujours de l'attrait pour lui, mais restaient sans véritable puissance sur son cœur.

Il croyait toujours y sentir quelque calcul subtil, latent et intéressé, qui dépoétisait ses plus délicates impressions.

De sorte que, si captivé qu'il fût par les grâces et la beauté d'Alexandrine Duverdier, Lucien Rambaud retint son cœur sur la pente d'un amour qui aurait pu faire son bonheur.

Ce ne fut chez lui que l'éclosion d'une sympathie profonde et douce. Malheureusement il n'en fut pas de même pour la jeune fille.

Pour elle, ce fut toute sa vie emportée au souffle d'un rêve qui ne devait jamais se réaliser.

Parmi les notes éparses laissées par Marmette, se trouvent quelques feuillets qui nous font pressentir que cette jeune fille jouera le rôle principal dans le dénouement du drame final.

Je les transcris ici, bien que ce ne soit évidemment que de simples notes :

Fragments du journal d'Alexandrine

Janvier 6. – Enfin, je serai religieuse... J'ai eu ma réponse ; c'est *oui*... J'en suis bien contente... Papa est plus ému que moi... pourquoi cela ?...

Maman, qui s'occupe de mon petit trousseau, pleure en cachette, je le sais. Quant à moi, je cours tête baissée vers ma nouvelle destinée, sans trop m'occuper de ce qui adviendra de moi par la suite...

Est-ce parce que certains pressentiments me disent que je reviendrai ?... Qui sait ?...

...Au noviciat on m'a reçue avec joie.

Février 4. – Je me suis un peu ennuyée, mais j'ai le cœur en paix ; je suis contente.

Février 6. – Je vais souvent au parloir, où parents et amis viennent me faire visite. À tous je dis que je suis contente ; je n'ose pas dire « heureuse »...

Contente... le serai-je toujours ?

Février 8. – On parle de ma prise d'habits. Il me semble que je serai heureuse quand ce sera fait.

Février 15. – (Pendant la retraite) Mon Dieu, mais où sont donc mes pieux désirs ? Je n'ai aucun goût pour la prière... Les observances, la règle, je m'y soumets pour faire comme les autres. Je ne puis plus me le dissimuler à moi-même : je regrette profondément d'être venue ici...

Une religieuse, moi ! non, c'est impossible... Quel caractère, quel cœur, quelle âme ai-je donc ?

...On m'engage à faire le mois de saint Joseph – le mois de mars. Une suite de pieux exercices. Cela m'aidera, m'éclairera, me guidera, paraît-il. Oh ! tant mieux ; mais que le temps va me paraître long !...

Février 21. – Je suis toujours la même ; je ne vis plus que de doute, d'incertitudes, d'indécisions, de misères de toutes sortes.

Février 28. – Communié ce matin, malgré les angoisses et les révoltes de mon âme.

Février 29. – Communié de nouveau par obéissance. Vécu calme, résignée et contente jusqu'à midi.

Puis ennuis, craintes, troubles, affaissement...

Ô Jésus, vous qui êtes tout-puissant, faites que je vous aime !

Mars 1er – Résumé d'une journée au noviciat : – Lever à 5 heures ; – 5 heures et quart les petites heures ; – à 5 heures et demie, méditation jusqu'à 6 heures ; – et puis, la messe.

À 7 heures et quart, déjeuner, puis ménage au noviciat et au dortoir.

À 9 heures, étude (de ce temps-ci, je passe cette heure à la sacristie).

À 10 heures, visite au Saint-Sacrement, et puis les vêpres.

À 11 heures et quart, examen, et puis dîner.

À midi, récréation. À 1 heure, lecture spirituelle ; – à 1 heure et quart, temps libre ; – de 1 heure et trois quarts à 2 heures et demie, aux externes – jusqu'à 4 heures et 10 minutes, temps libre ; – à 4 heures, lecture spirituelle ; – à 4 heures et demie, complies et méditation ; – à 5 heures et demie, souper, puis récréation jusqu'à 7 heures moins un quart ; – à 7 heures moins un quart, visite au Saint-Sacrement, récitation de l'office, examen et prière du soir.

À 7 heures et demie, dans nos cellules ; temps libre ; coucher à 8 heures et demie.

Mars 2. – Décès des mères Saint-Xavier et Sainte-Agnès. Exposées toutes deux au chœur...

Ces morts m'ont effrayé.

Je dis à Jésus : « Que votre volonté soit faite et non la mienne ; » mais, je me l'avoue au fond du cœur, je me sens de moins en moins résolue...

Le monde et toutes ses tristesses, plutôt que cet isolement froid, que cette vie sans initiative, sans volonté, avec, pour conclusion, cette disparition qui n'est pas la mort, mais l'effacement.

J'aime encore mieux des pleurs et des regrets que l'ennui inexorable et sans fin.

Mars 4. – Longue confession... Toujours inquiète... Je veux et ne veux pas...

La mère supérieure, après mes nombreuses et franches confidences, semble portée à croire que je ne suis pas faite pour être religieuse.

Mars 6. – Encore une autre longue confession. Après mes confidences complètes, mon confesseur s'est enfin prononcé : il ne me croit pas appelée à la vie religieuse.

En suis-je heureuse ? En suis-je chagrine ? Pourquoi donc ne vois-je pas plus clair au fond de moi ?

Ô Jésus, tracez-moi ma route ! Je ne me sens pas la force d'avancer... ni de revenir sur mes pas.

Mars 10. – On a finalement pris une décision sur mon compte. Personne ne croit à ma vocation. On me l'a annoncé, croyant m'être très agréable, et pourtant... Si je m'étais trompée... si c'était la paix du cœur, la paix éternelle et douce qui frappait chez moi, et à laquelle je refuserais ma porte !...

Enfin, je suis libre de m'en aller la semaine prochaine.

D'ici là, je vais bien prier.

Mars 12. – Ma décision est prise. Toute la matinée, j'ai préparé mes malles. À la récréation, mes sœurs connaissaient mon départ. Quelle bonté elles m'ont témoignée, et quelles délicates attentions elles ont eu pour moi !

Je les ai toutes embrassées avec reconnaissance, mais aussi avec tristesse.

Maintenant, quelles figures retrouverai-je chez moi ?

Mes parents seront heureux de me revoir au foyer, sans doute ; le chagrin qu'ils ont éprouvé à mon départ, m'en est une garantie. Mais ils n'ont pas paru apprendre la nouvelle de ma prochaine arrivée avec joie.

Ces indécisions de mon caractère doivent les affliger.

Je ne me sentirai peut-être plus chez moi comme je l'étais dans ma petite chambre de jeune fille, où j'ai été si heureuse, où j'ai fait tant de beaux rêves...

Mais voilà encore mes lubies qui me reprennent. Il n'y a donc aucun moyen d'être satisfait ici-bas !

À trois heures, je suis sortie. Mon frère Joseph était là, qui m'a reçue joyeusement.

Merci à son bon cœur !

Nulles connaissances sur la route : merci à la bienveillance du hasard !

À la maison, ma sœur Denise m'a sauté au cou, et m'a manifesté la plus vive affection.

Il n'en a pas été absolument de même de la part de papa et de maman, qui m'ont reçue avec affection aussi, mais avec une certaine froideur mal dissimulée.

Au fond, ils ont raison : je n'avais pas le droit de leur infliger ainsi, à la légère, une des plus sensibles épreuves de leur vie.

Ce journal de jeune fille, où l'on sent la vaillance du cœur filtrer à travers les hésitations et les désespérances, ne devait pas se terminer là.

Le titre : *Dans le monde* qui suit ces lignes, sur le manuscrit de l'auteur – sans un mot à la suite, malheureusement – nous fait prévoir des développements intéressants, mais qu'il nous est impossible de deviner.

À peine si les notes de l'auteur nous font entrevoir une nouvelle rencontre entre Alexandrine et Lucien, qui – on laisse souvent passer le bonheur à sa porte sans l'inviter à entrer – toujours sous l'impression d'une déception première, se ferme la bouche, les oreilles, les yeux et le cœur, et renonce aveuglément à toute la poésie de ses rêves, plutôt que de s'exposer de nouveau à trouver de la cendre sous l'écorce du fruit aux apparences si savoureuses.

Cette naïveté, il la redoute ; cette sincérité d'âme, il la soupçonne. Son cœur, je devrais dire son imagination, n'est plus ouvert qu'aux impressions capiteuses, aux griseries folles.

Blasé contre les sincérités naïves, il se croit de force à affronter les artifices de la vie mondaine.

Il y est englué.

Pendant que la pauvre Alexandrine s'étiolait dans le silence et l'abandon, dans les regrets d'une âme incomprise et d'une vie sans espoir, Lucien avait fait la connaissance d'une jeune veuve, belle, brillante et riche.

Si étrangère à Québec qu'elle fût, elle connaissait le jeune homme par le prestige qui s'attachait à son nom ; et dans ses aspirations de femme intelligente et cultivée, elle ne pouvait manquer d'éprouver de l'attrait pour cette renommée déjà retentissante.

De son côté, Lucien ne pouvait manquer d'être flatté jusqu'au fond du cœur de l'impression que son talent et sa personne – il s'en aperçut de suite – exerçaient sur l'esprit de cette femme d'élite, entourée de flatteries et d'admirations.

S'aimèrent-ils véritablement ?

Il est plus probable qu'ils subirent plutôt un entraînement mutuel, où il y avait plus de vanité, de penchants factices et de calculs mondains qu'autre chose.

Toujours est-il que Lucien, charmé dans ses sentiments d'artiste – la jeune veuve était une musicienne accomplie – subit inconsciemment la nouvelle influence qui s'imposait à lui, et crut son sort définitivement scellé.

Hélas ! le prosaïsme de la vie le guettait là encore.

« – Oui, lui dit-on, vous êtes aimé. Mais la vie n'est pas un rêve enchanteur ; c'est un édifice à construire. Avant les embellissements artistiques, il faut de solides fondations et des murs sérieux. Vous êtes employé public, c'est honorable et satisfaisant à votre âge ; mais c'est là une position inférieure à votre intelligence. Vous valez mieux. Il vous faut un autre théâtre, et surtout un autre rôle. J'ai de la fortune, faites-vous une position. Voici les élections législatives qui se présentent ; vous avez de la famille ; vous vous êtes fait un joli nom ; vous avez ce qu'il faut pour réussir ; revenez député et je suis à vous !... »

Lucien Rambaud n'avait guère de dispositions pour la vie bruyante de la politique ; il aimait mieux ses chers travaux littéraires dans le silence de son cabinet.

Mais ces paroles lui était restées dans les oreilles : « La vie n'est pas un rêve enchanteur ; c'est un édifice à construire. »

Il se sentait engagé dans un sentier vulgaire, sans issue sérieuse, et trop étroit pour les libres chevauchées de son ambition.

Être député, c'était la porte de l'avenir ouverte ; et pour le moment, c'était la fortune avec la femme brillante et... aimée !

Son père est prêt à faire les sacrifices nécessaires ; l'opinion publique lui paraît favorable. Il part.

Et voilà notre héros devenu tribun populaire, électrisant les masses de son éloquence, et entraînant à sa suite des milliers de partisans enthousiasmés.

Hélas ! triomphes éphémères !

Il a affaire à un adversaire d'autant plus redoutable qu'il est sans scrupule : à Zéphirin Vachon, l'homme pratique et roué.

Ce n'est pas que l'individu soit bien populaire, mais il a les influences.

Les hommes d'affaires, les hommes positifs se défient des rêveurs et des doctrinaires, des poètes, enfin !...

Bref, les emballés sont pour Lucien Rambaud, mais les intéressés sont pour Zéphirin Vachon.

Lucien Rambaud a les dévoués, Zéphirin Vachon a les chercheurs de places, les gens pratiques.

Après avoir roulé son adversaire sur tous les hustings, Lucien Rambaud est tout simplement battu au scrutin.

Il a sacrifié sa situation ; il s'est endetté ; il a perdu toute illusion sur l'indépendance de ses compatriotes ; et on le retrouve mourant, cloué sur son lit par une fluxion de poitrine contractée dans une nuit pluvieuse et glaciale, après une assemblée où il a dû se défendre contre les plus infâmantes accusations.

Trois semaines après, le pauvre vaincu de la destinée s'éteint dans sa petite chambre d'écolier, tenant d'une main la main de son vieux père qui pleure, et de l'autre deux lettres qu'il vient de recevoir : une d'Alexandrine mourante elle-même de phtisie galopante, et l'autre de son vieil ami, le poète Franchère, qui lui annonce le mariage probable de la brillante veuve avec le pratique Zéphirin Vachon, député et futur ministre.

Voilà à peu près tout ce que l'on peut tirer des notes laissées par le romancier défunt, pour reconstituer tant bien que mal ce que devait être le roman très saisissant – et sans doute très finement observé – que l'auteur avait intitulé : *À travers la vie*.

De tout l'ensemble, dont on ne se rend compte qu'en devinant mille et un sous-entendus, il ressort ceci : une critique amère, mais vigoureusement sentie de nos mœurs publiques et de la position qu'elles font à ceux de nous qui, au lieu d'avoir l'esprit tourné vers ce qu'on est convenu d'appeler les affaires, vivent un peu de la vie du cœur et rêvent aux choses de l'intelligence.

L'auteur a voulu aussi fronder les abus et surtout stigmatiser les vilains caractères.

Témoin le chapitre détaché qui suit, intitulé : *Les Punaises,* et qu'il m'a été impossible de placer dans l'alvéole à lui destinée par l'auteur :

Connais-tu, disait Lucien Rambaud à son ami Paul Morel, cet insecte, vermine plate et puante que les Latins désignaient sous le nom de *cimex,* mais connu vulgairement chez nous sous la désignation parlante de punaises ?

Les savants se plaisent à en reconnaître quarante-trois espèces ; mais ils nous font au moins le plaisir de constater que la commune, celle que la nature – toujours prévoyante – nous a destinée, n'a point d'ailes, qu'elle suce le sang de l'homme et habite principalement dans les lieux où il est censé prendre son repos, c'est-à-dire dans les bois de lit.

– Brrr ! fit Paul en frissonnant.

– Bien, reprit Rambaud, je vois que je n'ai pas affaire à un homme ignorant du sujet que je traite. Ça fait plaisir d'être compris tout de suite !

Il te souvient alors qu'un beau soir...

Allons, ne tressaute pas ainsi d'indignation ; tu vois bien que je ne me sers de ce qualificatif aimable que d'une manière ironique ; et tu dois te rappeler que c'est là ce qu'on appelle en fine fleur de rhétorique, une antinomie.

Il te souvient donc que, par un soir fatal – si cet adjectif te convient mieux – il t'arrivera de te glisser dans un lit étranger pour y chercher un légitime repos, après une journée bien remplie.

Détendant tes membres fatigués, tu pris ta position favorite, côté droit ou côté gauche – je n'ai pas l'honneur de connaître tes préférences sur ce point délicat – et tu fermas les yeux pour laisser descendre sur ton front, innocent de tout crime, le vol discret et bienfaisant du sommeil.

Déjà tu commençais à te sentir glisser sur la pente si douce de l'oubli des misères de chaque jour, tandis que dans tout ton être courait une exquise titillation d'engourdissement, quand soudain une piqûre brûlante t'arracha de ton extase.

Vivement tu portes une main à la partie blessée, et tu te sers énergiquement des ongles dont la nature – toujours prévoyante – t'a doué, pour calmer l'ardeur de la brûlure, lorsque successivement, sans trêve ni merci, deux, quatre, dix, vingt, quarante morsures de plus en plus cuisantes, ardent ton pauvre corps convulsionné.

Je ne sais pas si tu étais encore novice, cette fois-là ; mais, vois-tu, quand le fléau atteint ces proportions, le seul moyen de soulagement – peu satisfaisant, il est vrai – est de sauter vivement hors du lit, et plus vivement encore, d'allumer sa bougie. Car le *cimex* abhorre la lumière, et ne se complaît que dans l'ombre profonde pour élaborer son œuvre maudite.

Alors on se précipite, armé du bougeoir, vers le lit de malheur.

Mais déjà notre fuite subite du lit et la soudaine lumière ont donné l'alerte au plus gros du bataillon, qui a disparu pour entrer dans ses ténébreuses retraites.

Cependant, il reste encore quelques traînardes, les plus repues de notre sang, les plus lourdes. Oh ! quel bonheur de les apercevoir, de les broyer, les infâmes !

Mais aussi quelle nauséabonde odeur s'échappe de leur carcasse vidée !

– Pouah ! les punaises ! s'exclama Paul.

– Oui, reprit Lucien, une odeur fétide, auprès de laquelle l'acide sulfureux est un parfum délicat !

Je n'ai pas l'intention, cher ami, d'appuyer sur tout ce qu'une nuit passée en proie à la voracité de ces bêtes féroces a d'abominable, d'horrible, d'affolant.

Je n'ai voulu bien rappeler à ton souvenir les blessures lâches et venimeuses de ces infectes bestioles, que pour t'amener à les comparer avec un animal non moins immonde, non moins lâche et non moins malfaisant.

Ce dernier appartient à l'humanité, et est vulgairement connu sous le nom de « commère ».

Il y en a des deux sexes.

Moi qui ai daigné faire des études approfondies sur ce genre de vermine, je me plais à lui donner le nom de femme-punaise ou d'homme-punaise *(mulier-cimex, homo-cimex,* pour les savants).

Mes observations attentives m'ont démontré que, dans cette espèce, la femelle est plus commune et plus féroce que le mâle.

Je n'en ai pas moins rencontré quelques mâles qui pouvaient lutter avantageusement de férocité avec ces dames les femelles.

Tu t'en vas, n'est-ce pas ? tranquillement dans la vie, faisant par toi-même ton petit bonhomme de chemin, tâchant de te rendre utile, d'être bon, aimable pour tout le monde, et de ne causer de tort à personne.

Si tu n'as pas encore l'expérience de la vie, dans ce qu'on est convenu d'appeler drôlement, par euphémisme sans doute, la société, tu t'imagineras benoîtement que l'on va pour le moins te laisser passer tranquille.

Oh ! alors, que tu seras loin de ton compte, mon bonhomme !

Non, chère âme naïve ! Les envieux, les méchants sont là qui te guettent, cachés derrière la haie, embusqués comme des bandits, pour te tirer, sans crainte pour eux, au tournant de la route, une bonne balle dans le dos.

Comme *cimex,* vois-tu, la femme et l'homme-punaises aiment à faire dans l'ombre, pour cette raison qu'il y a moins de danger, leur malpropre besogne.

Ils commencent, pour te perdre, toi, de réputation, pour jeter la désunion dans les ménages, par une insinuation malveillante, – première piqûre – reviennent à la charge, agrandissant la morsure d'un coup de dents plus méchamment, plus largement appliqué ; puis, non encore satisfaits, ils s'en vont exciter les appétits malsains de leurs congénères, et toutes ces punaises se ruent à l'envie sur la victime désignée à leur rage.

Ça, c'est le procédé ordinaire, élémentaire de ces êtres venimeux !

Mais certains d'entre eux, en ont trouvé un autre d'un raffiné autrement perfide, c'est la lettre anonyme. (Ici la femme et l'homme-punaises l'emportent en méchanceté sur la bête).

Ah ! ceci, mon cher, c'est le suprême de l'art ; car plus aucun danger d'être pris.

Parlée, la calomnie peut parfois, à la fin, se retracer, et partant aussi le calomniateur.

Mais la lettre anonyme ! la bonne petite arme empoisonnée, sûre de t'entrer dans les chairs sans que tu puisses jamais savoir d'où est venu le coup de stylet...

Oh ! les bonnes âmes ! J'en connais qui, le matin, s'en vont dévotement manger le bon Dieu, et qui, le soir, le soir même, font des festins de cannibales avec le cœur du prochain.

...Pouah ! les punaises !...

Mais, dis donc, tu ne m'écoutes plus, dit Rambaud en voyant Paul penché sur un dictionnaire qui se trouvait à portée de sa main :

– Pardon, mon cher, tu as mes deux oreilles à ton service, je te prie de le croire. Seulement mon esprit, toujours curieux, cherchait en même temps à trouver un insecticide pour combattre la punaise.

Je vois bien, dans cet excellent dictionnaire de Boiste, annoté par le spirituel et bon Nodier, qu'on détruit le *cimex* avec la vapeur de l'acide sulfurique versé sur le sel marin, avec du tabac, du soufre, du poivre brûlé, etc.

Mais j'allais te demander de quel contrepoison tu te servirais pour détruire le venin laissé dans tes blessures par l'homme ou la femme-punaise.

– Peuh ! mon cher, repartit Rambaud en allumant sa pipe et en se renfrognant dans son fauteuil, il est bien simple, le remède : c'est un composé de tout le mépris et de tout le dédain qui peut tomber d'un cœur et d'un cerveau d'honnête homme !